어린이 인생학교

꿈씨앗 파노라마

어린이 인생학교

꿈씨앗 파노라마

초판 1쇄 인쇄 · 2014년 07월 30일
초판 2쇄 인쇄 · 2015년 05월 30일
지은이 · 백 다 은
펴낸이 · 이 승 훈
펴낸곳 · 해드림출판사

　　　주　소 · 서울 영등포구 경인로 82길 3-4 센터플러스빌딩 1004호
　　　전　화 · 02-2612-5552
　　　팩　스 · 02-2688-5568
　　　e-mail · jjee5059@hanmail.net

등록번호 · 제387-2007-000011호
등록일자 · 2007년 5월 4일

ISBN 979-11-5634-038-6
ISBN 979-11-5634-037-9(세트)

어린이 인생학교

꿈씨앗 파노라마

백다은 지음

-음식편-

이제 꿈과 공부, 두 마리 토끼 다 잡으세요!

우리 아이들이 만날 새로운 미래,

자신만의 꿈꾸는 방법을 발명해야 합니다!

이 인생학교 백다은

초등교사, 동화작가,
공채강사(사회, 수학, 영어)

☀ 해드림

To. _____

꿈씨앗 파노라마와 함께 다양한 빛깔의 꿈씨앗을
싹 틔워 보세요. 어릴 때부터 다양한 경험을 쌓고
도전하는 어린이들을 응원합니다!

20   .   .   .

From. 백다은 선생님

성공의 지평을 넓히는 것은 열정과 도전정신

오늘날의 세상은 혁명적인 변화를 겪고 있다. 나처럼 시민 활동가인 동시에 사업가이자 공무원인 잡종들이 출현하고 있다. 아름다운 가게처럼 우리 사회를 변화시키면서 돈은 돈대로 벌어들이는 돌연변이 비즈니스 모델이 생겨나고 있다. 우리가 지금까지 굳게 믿어왔던 직업의 경계와 비즈니스 모델이 일대 변화를 일으키고 있는 것이다.

판검사나 공무원이 되거나 대기업에 들어가야 성공할 수 있다고 믿는 20세기 직업관은 과감히 버리자. 30년 전 부모님 세대의 낡은 기준으로는 앞으로 다가올 21세기를 열어갈 수 없다. 우리 사회에서 성공의 지평을 넓히는 것은 열정과 도전 정신이다. 그저 입바른 소리가 아니다. 이미 세상의 흐름이 그렇게 바뀌고 있다. 젊은 상상력과 도전정신이 없으면 성공하기 어려운 시대가 다가오고 있는 것이다. 이 책과 어린이 인생학교를 통해 다양한 빛깔의 꿈씨앗을 펼쳐낼 어린이들의 모습을 기대해 본다.

— 박원순 서울시장, 『세상을 바꾸는 천개의 직업』 저자

판검사, 의사, 공무원, 연예인…….

꿈을 잘나가는 직업인 줄로만 알고 있던 이 땅의 어린이들은 바로 이런 책을 기다렸습니다.

이 책은 직업의 세계가 무척 다양하다는 것을 알게 해줍니다. 부모님 세대와는 완전히 다르게 세상이 변했다는 것도 일깨워 줍니다. 나만의 직업을 통해 꿈을 갖는 게 얼마나 신나고 가슴 설레는 것인지도 느끼게 해줍니다.

재미있게 술술 다 읽고 나면 어린이들이 평생 노력해도 지치지 않을 신나는 꿈을 찾게 될 것입니다. 그 이유는 어린이들과 늘 함께 호흡하는 백다은 선생님이 입말로 눈높이를 맞춰서 이야기를 들려주기 때문입니다.

　　　　　-고정욱 아동문학가, 대표작『가방 들어주는 아이』『안내견 탄실이』

미래가 다가온다. 현재도 무서운 속도로 변하고 있고 내 아이들이 살아갈 미래는 빠른 속도로 달려온다. 그들이 맞을 미래는 어떤 모습일까? 지금 학원을 전전하고 있는 내 아이는 다가올 미래, 변화의 물결에 올라탈 것인가, 아니면 휩쓸려 내려갈 것인가. 내 아이의 미래를 위해 이제 '꿈씨앗 파노라마'를 선물해야 할 때다.

　　　　- 정지훈 경희 사이버대학교 모바일 융합학과 교수,『내 아이가 만날 미래』저자

엄마가 스타일리시해야, 아이도 스타일리시할 수 있다? 이건 비단 패션이나 스타일링에서만이 아니다. 우리 아이들이 만날 미래에는 자신만의 꿈꾸는 방법이 있어야 스타일리시할 수 있다! 어릴 때부터 자신만의 스타일리시한 꿈꾸는 방법을 찾고 싶은 아이와 학부모라면, '꿈씨앗 파노라마'에서 소개하는 5가지 특별한 꿈 비법을 적극 추천한다.

– 문정원『스타일리시 맘』작가, 전 SBS PD, 학부모

아이에게 이 책을 선물하실 현명한 분들께

　어린이 인생학교는 '교육의 목적은 미래(인생)를 준비하게 돕는 것, 지금의 정답은 미래에 절대로 통하지 않을 것'이라는 대한민국 한 초등학교 선생님의 생각에서 시작되었습니다.

　더 이상 국·영·수 공부로 줄 세우기 경쟁을 통한 획일화된 현재의 교육으로는 아이들이 미래를 살아갈 수 없으니까요. 정작 아이들에게 진짜 필요한 이야기를 해주는 곳은 그동안 아무 곳에도 없었습니다.

　교실 현장에서 만난 아이들이 아는 직업은 공무원, 의사, 요리사, 경찰관, 수의사…. 아무리 많이 아는 아이도 겨우 30~40개 남짓하거든요. 그런데 우리나라만 해도 직업 수가 9,298개, 유럽은 2만 개, 미국엔 3만 개가 넘는 추세고요, 더욱 심각한 것은 지금 이 아이들의 65%가 어른이 될 시대에는 현재 존재하지도 않는 직업에 종사할 거라는 거죠. 이는 지금의 정답이 통하지 않는 시대라는 뜻입니다. 또한, 기성세대가 안정적이라 여기던 직업군들이 수년 전부터 무너지고 있는 것이 그 변화의 시작이라고 볼 수 있습니다.

이제는 어릴 때부터 스스로 자신의 미래를 만들어가야 할 시대가 다가왔다고 주장하는 이유가 바로 여기에 있습니다.

서두르세요. 이제 아이들에게, 세상의 빛깔을 보여줄 '어린이 인생학교'라는 프리즘을 만나게 해 주세요. 어린이 인생학교의 다양한 과목들과 함께 아이의 미래를 반드시 준비하셔야 합니다.

그중 '꿈★씨앗 파노라마'는 어린이 인생학교 전공필수 편에 해당하는 과목이며, 음식 편을 시작으로 영어(외국어), 의학, 자동차, 동물, 미술(디자인), 음악, IT, 수학 등 다양한 시리즈로 이어집니다.

'지금 알고 있는 것을 10살에도 알았었다면… 누군가 그걸 미리 알려주었었다면 내 인생이 달라졌을 텐데…'

'내가 직장 다녀보니 요샌 좋은 대학 나와도 취업이 힘들고, 평생 직장 개념도 사라졌고,, 우리 애를 어떻게 키워야 할까,'

이 책의 차례에요

꿈씨앗 파노라마1 **진짜 꿈을 가져라! 하고 싶다=동사형 꿈**

꿈씨앗 파노라마2 **고정관념을 깨면, 억대 연봉이?**

꿈씨앗 파노라마3 **꿈★씨앗들을 합쳐라! 온리원(only one)될 것이다**

꿈씨앗 파노라마가 뭐냐고요?

이 세상 모든 어린이는 특별합니다.

모든 어린이 마음속에는 '꿈★씨앗'이 있기 때문인데요.

이것은 세상에서 자신이 이루고 싶은 꿈을 시작하게 해 주는 작은 씨앗입니다.

마치 땅에 씨앗을 심는 것처럼, 여러분의 꿈★씨앗을 심고 물과 양분을 주어 잘 자라날 수 있게 키우는 거죠. 그러면 여러분의 멋진 꿈이 이루어지게 되는 것이랍니다.

이 안을 자세히 들여다보면요.

이렇게나 다양한 아이콘 —내가 좋아하는 것, 하고 싶은 것, 잘하는 것, 나를 상징하는 것—들로 가득 차 있답니다.

이런 이야기를 들려주면, 많은 아이가 눈을 반짝이며 '어떻게 이런 생각을 하셨나요?'라며 궁금해한답니다.

여러분 꿈은 무엇입니까?

제 꿈은 수의사입니다.

야, 너 겁쟁이라서 피도 무서워하면서 무슨 수의사야

그런가… 동물 좋아하면 다 수의사가 되는 것 아니야?

선생님이 여러분에게 두 가지 질문을 할게요.

첫째, 수의사라는 직업이 꿈인가요? 그 직업을 가졌다고 해봐요, 그럼 그 이후엔 꿈이 없어지는 건가요?

그… 그렇네요.

직업이 꿈이라고 할 수는 없겠네요

둘째, 그리고 자신이 좋아하는 것에 관련된 직업이 단 하나일까요?

이 친구처럼 동물을 좋아하면, 다 수의사가 되어야 하나요?

보통 다 수의사라고 하던데.. 전 음식 좋아해서 요리사가 장래희망인데요.

우리나라의 직업이 몇 개인 줄 알아요?

무려 9298개 만개에 가깝다고요. 미국이나 유럽에서는 이미 3만개가 넘는 직업들이 생겨나고 있어요.

이제 나만의 꿈씨앗들을 싹틔워야 할 때예요.

정말요? 제가 알고 있는 건 빙산의 일각이었네요.

세상은 여러분이 무엇을 상상하건, 그 이상으로 빠르게 변할 거예요.

여러분 중 절반이 훨씬 넘는 65%는 어른이 되어, 현재에는 존재하지도 않을 새로운 직업으로 일하게 될 거라고 해요. 너~무 고민된다고요? 이런 여러분을 도와주기 위해서 백다은 선생님이 어린이 인생학교를 만들었으니, 너무 걱정하지는 마세요.

여러분이 지금 당장 시작할 일은 자신이 어떤 꿈★씨앗에 관심이 가는지 늘 자기 마음에서 답을 찾으려고 노력하는 거예요. 벌써 여러분의 무한한 가능성을 한 가지 직업 안에만 가두지 말고요. 그리고 앞으로 펼쳐질 '꿈★씨앗' 파노라마를 통해 다양한 이야기에 귀 기울여보세요. 그러다 보면 여러분 각자의 가치, 흥미, 개성 등에 따라 처음엔 작기만 했던 '꿈★씨앗'들이 점점 싹 틔워지면서, 다양한 빛깔의 파노라마로 펼쳐지게 될 거랍니다.

게다가 교과서 큐레이터인 백다은 선생님(현직 초등교사, EBS 강사, 동화 작가)과 함께라면, 나의 꿈과 교과서 공부, 두 마리 토끼를 다 잡을 수도 있다는 사실!

세상에 없던 꿈과 공부를 다 잡는, 꿈★씨앗 파노라~마!

기대하셔도 좋아요. 출~발!

진짜 꿈을 가져라!

~하고 싶다=동사형 꿈

1. 전 세계를 여행하며, 맛있는 음식들을 먹고 싶다
2. 맛있는 음식을 사랑하는 사람들에게 소개하고 싶다
3. 맛있는 음식을 요리하고 싶다

모든 사람에게는 자신만의 꿈★씨앗이 있답니다.

처음으로 이야기해 볼 것은 바로, 여러분이 좋아하는 '음식'이라는 꿈★씨앗이에요.

단언컨대, 음식이라는 꿈★씨앗을 가진 어린이에게

"당신의 꿈은 무엇인가요?"

이렇게 질문한다면, 열이면 여덟, 아홉은 '요리사'라고 대답할 겁니다. 하지만 음식을 좋아한다고, 다 요리사가 되어야 할까요? 선생님의 생각은 좀 달라요.

마구마구 먹고 싶다?

친구들에게 소개하고 싶다?

나만의 레시피로 요리해 보고 싶다?

내가 만든 음식을 사랑하는 사람들에게 선물하고 싶다?

맞아요, 바로 그거예요.

진짜 꿈은 그렇게 시작되는 거에요. 좀 더 자세히 살펴볼까요?

나의 꿈과 교과서 지식, 두 마리 토끼를 잡는 꿈★씨앗 파노라마! 세계 최초의 교과서 큐레이터, 백다은 선생님(현직 초등교사, EBS 강사)과 함께합니다.

전 세계를 여행하며, 맛있는 음식들을 먹고 싶다

호주의 캥거루 스테이크, 한국의 비빔밥, 중국의 딤섬, 프랑스의 에스카르고(달팽이 요리) 등등. 와우! "전 세계를 여행하며 맛있는 음식들을 먹고 싶어~" 누구나 꿈꾸는 것 아닌가요?

여행도 하고, 맛있는 음식도 먹을 수 있는 미식 여행가, 멋지지 않나요?

꿈의 직업, 미식 여행가는 어때요?

호주에는 6개월간 10만 달러(우리 돈으로 1억)이나 되는 돈을 지원해주고, 호주를 여행하며 미식 여행가로도 활동하게 해주는 프로그램도 있대요!

NEWS

꿈의 직업 '미식 여행가'에 도전하라!

물론, 전 세계인들에게 인기가 많아 경쟁률이 무척 높기는 해요. 만약 여기서 떨어지면 여러분은 어떻게 할 건가요?

하고 싶은 걸 그냥 포기할 건가요?

모든 나라에서 지켜야 하는 에티켓

- 공공장소에서 다른 사람에게 피해를 주는 행동을 하지 않는다.
- 상대방의 눈을 보며 이야기한다.
- 처음 만났을 때부터 반말을 하지 않는다.
- 웃어른을 보면 먼저 인사한다.

1학년 통합교과 [우리나라] 〉 2. 우리의 전통문화 〉 우리의 음식

세계 여러 나라의 식생활 모습

한국

- 웃어른과 함께 식사할 때 웃어른이 수저를 든 다음에 식사를 한다.
- 숟가락과 젓가락을 사용하여 식사한다.

일본

- "잘 먹겠습니다."라고 말하고 식사한다.
- 젓가락을 사용하며 밥그릇을 왼손으로 들고 먹는다.

미국

- 포크와 나이프를 사용한다.
- 식사할 때에는 소리를 내지 않는 것이 예의이다.

인도

- 음식을 먹을 때에는 손을 사용한다.
- 왼손은 용변을 볼 때 사용하고 식사할 때에는 반드시 오른손을 사용한다.

3학년 2학기 사회 〉 3. 다양한 삶의 모습 〉 4. 서로 배우고 존중하는 문화

내가 직접 기회를 만들어요!

만약 남이 만들어준 기회에서 떨어진다고 해도, 포기하지 말아요. 아예 내가 직접 기회를 만들어보면 되죠.

이런 사람들처럼요. 오히려 내가 진~짜 원하는 일을 할 수 있게 된답니다.

이름하야 김치~버스!

대한의 청년들이 우리의 자랑, 김치를 알리기 위해 새빨간 김치 버스를 만들어 390kg의 김치를 싣고 27개국 130여 개의 도시를 돌아다닌 덕에, 8,000명이나 김치를 시식했답니다. 이렇게 전 세계 여행도 하고, 우리의 김치도 널리 알리고 왔다는 거 아니겠습니까?

게다가 좋은 일을 하겠다는 취지에 공감한 많은 사람과 기업, 학교에서 후원까지 해 주었다고 해요! 놀랍죠~

> **저렇게 여행하면서, 돈이나 벌 수 있나요?**
> **저게 직업이 될 수 있나요?**

궁금한 친구들도 있죠?

김치 버스 사진 전시회,(400일간의 김치 버스 여행기를 담은) 책 발간, 김치로 만든 메뉴 판매 등….

이렇게 돈을 버는 방식도 이 김치 버스만큼이나 신선하지요.

좋아하고 의미 있는 일을 하며, 여행도 하고, 돈도 버는 거예요. 소원대로 다른 외국 친구들과 만나 외국 음식과 문화도 접하고, 우리의 자랑스러운 김~치도 널리 알리고 말이죠.

아무도 하지 않았던 (김치 전문)작가, 여행가, 레시피 개발자가 된 거죠.

앞으로 여러분이 살아가야 할 세상에는, 이렇게 자신만의 법칙을 만들어가야 한답니다.

"~을 하고 싶다." 이걸 먼저 생각해요.
그러다 보면 여러분만의 직업도 저절로 생겨날 거랍니다.

2 맛있는 음식을 사랑하는 사람들에게
소개하고 싶다

맛있는 음식을 먹으면, 사랑하는 친구, 가족들에게 소개해
주고 싶은 친구들도 있죠?

우리 엄마의 정성이 담긴 음식을 소개하고 싶다거나, 맛있는
음식점이나 분식점에 방문한 사진을 올린다거나, 내가 직접
만든 독특한 레시피(요리법)을 개발해서 그걸 인터넷에,
스마트폰에 꾸준히 글과 사진, 동영상 등을 올려봐요.

이건 여러분도 지금 당장 시작할 수 있는 일이에요!

혹시 알아요?

그것들이 인기가 많아져서 음식(맛집)전문 파워블로거,
인터넷에 올린 글이 책으로도 만들어져 음식전문 작가가 될지도
요.

TV 방송 출연도 하고, 서점에서 사인회도 하고…

그때 되면 꿈꾸는 방법을 알려준 백다은 선생님 꼭 아는 척
해줘야 해요!

그림으로 꿈꾸는 방법

처음엔 그저 내가 좋아하는 것을 취미로 소개하다가, 나의
직업이 되는 경우가 요즘은 정~말 많답니다.

특히 그림 그리기를 좋아하고, 그림에 재능이 있는 친구라면…
음식 전문 웹툰작가(만화가)가 되는 것도 추천합니다!

음식을 전문으로 다루는 웹툰 작가 중 조경규 작가님을
소개하도록 하죠.

오무라이스 잼잼

글/그림   조경규

내용   한끼 한끼 최선을 다 해 먹는 조경규 작가의 맛나는 세상!

한끼 한끼 온 정성을 쏟아 먹는 조경규 작가님이래요! 소개도 참 재미있죠?

우리가 흔히 집에서 해먹을 수 있는 음식들에서부터, 시켜먹는 배달음식까지…

아, 군침 도는 삼겹살 구워지는 저 소리 들리는 듯하죠!

필자는 이 양념치킨이야말로 우리나라에서 만들어진 최고의 서양적 요리라고 생각한다.

우리나라에서 인기 좋은 하카타의 돈코츠(豚骨)라멘은 돼지뼈를 장시간 뽀얗게 우려낸 국물에 소면처럼 가는 면발을 쓴다. 취향에 따라 면의 삶는 정도로 정할 수 있고, 기본은 살짝 덜 익어 꼬들꼬들한 '가타'

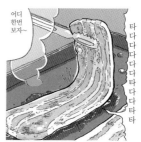
어디 한번 보자~
타 다 다 다 다 타 다 다 타

일상 속 음식 이야기를 블로그에 남겨요.

어렵게 생각 말고, 여러분도 일상생활에서의 음식 이야기를 담아보세요.

에이~ 그러기엔 아직 어려서 돈도 없다고요? 외식할 기회가 잘 없다고요?

맛집 블로거 최완재 님은 면 종류(냉면, 라면 등)를 좋아해서 종류별로 다 먹어보고, 그걸 글을 남겨 맛집 파워블로거가 되었어요.

스마트폰으로 내 꿈을 생중계해요!

여러분이라고 못할 것 없어요!

엄마가 요리해 주시는 것. 내가 간단하게 요리해 본 것, 한국의 전통요리, 세계의 독특한 요리… 어떤 것이든 소개해도 좋아요.

사진을 찍어도 좋고, 그림을 그려도 좋고, 스마트폰으로 녹음해서 방송을 직접 만들어도 좋아요!

직접 음식에 관한 원고를 쓰고, 방송으로 소개하는 인터넷 방송(팟캐스트) DJ가 될 수도 있답니다!

그러다 '라따뚜이'라는 애니메이션에 나오는 안톤이고(Anton Ego) 아저씨처럼, 음식 평론가가 되지 말란 법도 없지요!

영화 속 깐깐하기로 소문난 이 평론가 아저씨가, 주인공 생쥐 요리사 레미(Remy)가 만든 요리를 먹고 말하죠.

"I experienced something new,
an extraordinary meal from a singularly unexpected source."
기가 막히게 맛있는 소스가 뿌려진 아주 특별한 식사였습니다.

어린 시절의 추억을 되살리게 해 준 레미의 라따뚜이 요리를 먹고 놀란 안톤이고 아저씨, 표정만 봐도 그 맛이 궁금해지지 않나요?

맛있는 음식을
요리하고 싶다

선생님, 전 뭐니뭐니해도 음식 만드는 게 제일 좋아요!
'요리사' 할래요~

좋아요. 하고 싶다면 얼마든지 응원해줘야죠! 하지만 그 전에
물어볼 게 있어요.

세상에서 가장 훌륭한 요리사는 누구게요?

그건 바로… 매 끼니 여러분의 건강을 위해 고민하고 요리해
주시는 '엄마'라는 사실을 꼭 기억해요!

그리고 여러분도 엄마의 마음으로 사람들에게 요리를 해 주고
싶다는 마음이 있다면, 요리사가 될 가장 중요한 자격을 갖춘
거예요.

요리사에도 종류가 많아요

요리도 한식(우리나라 고유의 요리), 일식(일본 요리), 양식(서양 음식 요리), 중식(중국 요리) 등으로 나뉘는 것처럼, 요리사의 종류도 다양하답니다.

한식요리사　　　일식요리사　　　양식요리사　　　중식요리사….

또 요즘은

파티쉐 과자나 케이크, 또는 쿠키 같은 과자류를 만드는 직업

쇼콜라티에 초콜릿을 만들거나 꾸미고, 예술작품을 만드는 직업

제빵사 파티쉐와 비슷하지만, 빵을 전문으로 하는 직업

푸드 스타일리스트 음식을 먹음직스럽게 보이게 하는 직업

과 같은 다양한 이색직업들도 많아지고 있답니다.

음식을 조리할 때의 기본적인 순서

① 음식 정하기
② 영양과 가격 등을 생각하여 식품 재료 정하기
③ 조리 방법, 조리 순서, 필요한 조리 기구 알아두기
④ 음식 만들기
⑤ 뒷정리하기

올바른 식사예절

• 식사를 하기 전과 후에는 인사를 한다.
• 어른이 먼저 수저를 든 다음에 식사를 시작한다.
• 바른 자세로 앉아서 식사를 한다.
• 반찬을 집을 때 젓가락으로 뒤적거리지 않는다.
• 밥그릇이나 국그릇을 들고 먹지 않는다.
• 식사 중 팔꿈치나 손을 식탁에 올려놓지 않는다.

6학년 1학기 실과 〉 3. 간단한 음식 만들기 〉 2. 음식 만들기

(밥이나 빵을 이용한 한 그릇 음식 만들기)

이제 음식을 좋아한다고, 음식과 관련된 일을 하고 싶다고 무조건 '요리사' 되는 게 꿈이라고 말하기보다는, 이렇게 말하자고요!

난 ~을 하고 싶어!
그래서 ~하는 직업인 _____ 을 할 거야!

고정관념을 깨면, 억대 연봉이?

1. 농업은 나이 든 사람만 하는 것이다?
2. 전단은 신문지 사이에 종이로 나가야 한다?
3. 고정관념을 깬 합격사과, 위기를 기회로 바꾼 비밀

내가 무엇을 진짜 하고 싶은지, 내 마음에 귀 기울이고 있을 여러분! 하지만 그 역시, 그동안 여러분이 알고 있던 좁은 세상일 가능성이 높습니다. 이제 여러분이 갇혀 있던 우물 안에서 벗어날 수 있게 도와줄게요.

어려서부터 고정관념을 깨면, 남들은 미처 발견조차 못 한 새로운 인생이 나에게 손내밀 것입니다.

억대 농업인 수가 16,722명

"장래희망이 농부인 사람, 손들어보세요!"

선생님은 서울에서 초등학생들을 가르치고 있는데요.

선생님 반 아이들은 '에이~요즘 그런 아이가 어디 있어요', '농사는 할아버지, 할머니가 짓는 거 아닌가요?'라며 크게 웃었어요. 아마 여러분 중에도 비슷한 생각을 하는 친구들이 많을 거예요. 하지만 이 표를 보세요. 아마 생각이 좀 달라질 걸요?

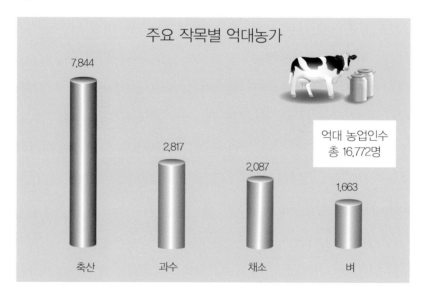

주요 작목별 억대농가

7,844

2,817

2,087

1,663

억대 농업인수
총 16,772명

축산   과수   채소   벼

억대 농업인 수가 무려 16,772명(2012년 기준)이래요.

(대학교를 갓 졸업하고 대기업에 입사한 신입사원의 연봉이 3,000~3,500만 원 정도 되고요. 한 통계를 보면, 도시에서도 억대 연봉을 받는 사람은 극히 일부(100명 중 2명꼴)인데… 이쯤 되면 농촌이라고 무턱대고 무시해서는 안 되겠죠?)

고정관념을 깨야, 새로운 세상이 보여요.

　도시에서 농촌으로 이동하는 '귀농'에 대한 이야기는 초등학교 4학년 사회 교과서에 나오는 이야긴데요. 여러분의 꿈과 공부, 두 마리 토끼 잡기 해 볼까요?

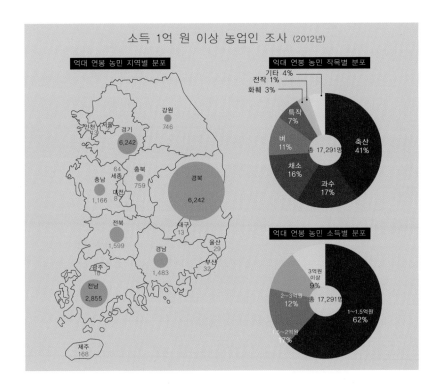

귀농 인구의 증가

아래 표에서 보듯, 귀농 인구가 해마다 늘어나고 있습니다.

귀농 인구 추이

(단위 : 가구)

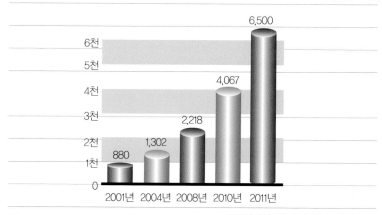

자료 농림수산식품부, (출처 : 연합 뉴스)

* 귀농 : 농사를 짓기 위해 도시에서 농촌으로 이사하는 것

귀농 인구 증가의 이유

- 숨 막히는 도시 생활에 지쳐 여유를 찾고 싶어서
- 깨끗한 자연환경에서 살기 위해서
- 농촌도 1) 농공단지, 2) 지역축제, 3) 친환경 농업, 4) 생태 마을 등으
  로 발전하고 있어서

1) 농공단지 :

농어촌 지역의 소득을 높이기 위해 조성한 공업 단지

2) 지역 축제 :

지역의 특성이나 특산물을 적극적으로 활용하여 축제로 만든 것

ex)함평 나비축제, 진주 남강 유등 축제, 양양 송이 축제, 광주 세계 김치 문화 축제 등

3) 친환경 농업 :

환경보호와 동시에 건강에 좋은 농산물을 생산함

4) 생태 마을 :

농어촌 생활체험이 가능한 마을을 조성하여 소득을 올림

4학년 2학기 사회 〉1. 경제생활과 바람직한 선택〉 2) 생산활동과 직업의 세계

아이들과 아빠들이 함께 시골 마을로 여행을 떠나는 TV 프로그램을 떠올려보면, 귀농 현상이 쉽게 이해될 거예요.

물론 모두가 억대 연봉을 버는 농업인이 되지는 못합니다. 귀농한다고 해서 물론 100퍼센트 좋은 점만 있는 건 아니에요.

선생님은 여러분에게 무조건 귀농해야 한다고 이 이야기를 하는 게 아니에요.

어릴 때부터 이렇게나 다양~하게 살아가는 방식이 있다는 걸 아는 친구와, '공부해서 대학 가야지!' 밖에 모르는 친구는 분명 큰 차이가 날 거예요.
요즘 세상은 부모님 때와는 또 다르게, 공부만 잘한다고 성공할 수 있는 시대가 절대 아니거든요.

65%! 여러분 중 무려 65%는, 현재 존재하지도 않는 직업에 종사할 거라고 해요.

그 말은, 하루빨리! 지금의 고정관념을 깨고, 내가 살아갈 방법을 찾아야 한단 뜻이에요.
어른이 되어서 생각하면 그땐 이미 늦어요.

우물 안 세상을 벗어나 보면, 남들은 미처 발견조차 못 한 새로운 인생이 펼쳐집니다. 고정관념을 깨면 '억대 연봉'의 주인공이 될 수도, 다른 사람들에게 희망을 주는 사람이 될 수도 있거든요. 꿈 파노라마 그 2번째 실제 사례들, 기대해도 좋습니다. 출발~!

나의 꿈과 교과서 지식, 두 마리 토끼를 잡는 꿈★씨앗 파노라마! 세계최초의 교과서 큐레이터, 백다은 선생님(현직 초등교사, EBS 강사)과 함께합니다.

'농업은 나이 든 사람만 하는 것이다?'

고정관념을 깨고 학창시절 오타쿠에서
'억!' 소리 나는 리더가 된 김가영 대표 이야기

김가영 대표님은 세계적인 피겨 스케이터 김연아와 함께 한 신문사가 정한 '10년 뒤 한국을 빛낼 100인의 리더'에 선정되었답니다. 상추를 판매하는 '생생농업유통'의 대표이기도 하고, 여러분이 잘 알고 있는 국대 떡볶이에서도 이사[1]를 맡고 있어요.

어떻게 젊은 나이에 이런 일을 할 수 있게 된 걸까요?

지금은 이렇게 번듯하게 성공을 달리고 있는 김가영 대표이지만, 사실 대표님은 학교 다니는 동안 잠자는 시간을 빼고는 항상 컴퓨터와 대화하면서 보냈답니다.

---

1 이사 : 회사의 일을 맡아 해 주며, 그를 대표하기도 하는 사람

과거 자신의 모습을 '오타쿠'[2]라고 스스로 이야기할 정도였답니다. 하지만 대학생이 되어 농촌활동을 다녀오면서부터 그녀의 인생이 바뀌는데요.

자신이 농촌 체질이라는 사실을 뒤늦게 깨닫게 되고, 그곳 할머니, 할아버지 댁에 드나들면서, 점점 친해지게 되었죠.

그리고 할머니, 할아버지들이 "일 년 내내 제값 받고 농산물을 팔 수 있었으면…" 고민하시는 것을 알고는 마음이 아팠다고 해요.

---

2 오타쿠 : 만화, 컴퓨터 등 특정 취미, 사물에는 깊은 관심을 가지나 다른 분야에는 관심이 부족하고 다소 사교성이 결여된 인물을 뜻함

할머니, 할아버지들을 도와드리고 싶은 마음은 굴뚝같았지만, 처음에는 농산물에 대한 아무런 지식도 기술도 없었습니다.

그러다 상추에 주목하게 됩니다. 왜 상추였나?
김 대표님이 직접 조사해본 결과, 10년간 상추의 가격은 내려간 적이 한 번도 없었고, 삼겹살은 20년간 소비가 줄어든 적이 없었기 때문에(상추와 삼겹살은 찰떡궁합이니까) 상추 판매의 전망이 안정적이라고 생각한 거죠.

더군다나 특별한 기술이 없었기 때문에, 쉽게 재배 가능한 상추는 더할 나위 없이 매력적인 농작물이었습니다.

그 당시 상춧값은 한여름에 비쌀 때는 8만 원, 쌀 때는 8천 원까지 가격이 오르락내리락했었는데요. 그래서 정작 농사를 지으신 할아버지, 할머니는 그 이득을 많이 못 보시고, 유통[3]

---
3 유통 : 상품이 생산자에서 소비자(고객)에 도달하는 과정

하는 사람들만 돈을 많이 번다는 걸 알고는 자신이 그 문제를 해결한 것입니다.

그 해결책은 바로~ 일 년 내내 1만 6천 원으로 상추 가격을 유지하도록 한 것입니다.

생산이란?

사람들이 필요로 하는 것을 자연에서 얻거나 새롭게 만들어내는 데 필요한 활동 또는 사람들을 편리하고 즐겁게 만드는 활동

생산활동의 성격에 따른 직업분류

자연에서 필요한 것을 얻는 활동	농업, 어업, 임업, 광업
생활에 필요한 물건을 만들어 내는 활동	제조업, 건설업
생활을 편리하게 도와주는 활동	서비스업

4학년 2학기 사회 〉 1. 경제생활과 바람직한 선택 〉 2) 생산활동과 직업의 세계

1년 내내 16,000원

16,000

그 결과, 가격을 1년 내내 유지하도록 하면서, 할머니 할아버지도 안정적으로 돈을 받게 해 드렸고, 생생농업유통도 무려 30억 원이나 되는 매출을 올리며 대박 행진을 이어가고 있답니다.

우리는 흔히 '농업은 나이 든 사람만 하는 것이다'라는 고정관념을 갖고 있어요.

그도 그럴 것이, 농촌에 살던 젊은이들도 다 도시로 나오고 있는 것이 현실이니까요.

하지만 김가영 대표처럼 고정관념을 깨면, 새로운 세상이 펼쳐진답니다. 억대 연봉은 덤이고요!

방안에 박혀 게임만 하던 오타쿠에서 이렇게 세상을 바꾸는 멋진 사람이 되었으니까 말이에요.

'전단은 신문지 사이에 종이로?'

고정관념을 깬 '배달의 민족' 김봉진 대표 이야기

지난 1년간 '치킨 약 150만 마리, 자장면 약 100만 그릇. 월 거래규모 600 억 원'

업계 1위 배달 앱, 국무총리상 수상, 120 억 투자 유치, 매출 100 억 원 돌파!(2014년 5월 기준)

지난 1년간 '배달의 민족' 앱이 거둔 성과래요.

여러분, 신문 사이에 들어오는 광고지 본 적 있죠?

'배달의 민족' 김봉진 대표는 종이 전단이 한 번 보고 버려지는 게 안타까웠어요. 그래서 대신 '스마트폰을 쓰면 되지 않을까?' 고민하기 시작했죠.

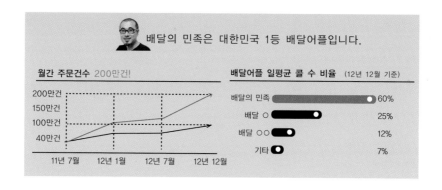

우선, 음식점 전단지를 동네마다 돌아다니며 주우러 다녔어요. 그리고는 중국집, 돈까스집, 분식집 등의 전화번호, 메뉴, 주소 등을 정보를 차곡차곡 모아서 스마트폰 앱을 만들었죠. 그 전에만 해도 종이로 전단을 주는 걸 사람들은 당연하다고 생각했었거든요.

배달의 민족은 처음엔 음식점 전단을 모아 음식 정보를 제공했었는데요. 이제는 주문 · 결제까지 가능하게 되어서 고객들이 마치 쇼핑하듯, 휴대폰으로 배달 음식을 시켜먹을 수 있게 되었지요.

그 결과 스마트폰 사용자들 사이에 편리하다고 입소문이 나면서 1,100만 명이 넘는 사람들이 다운로드를 했어요.

배달의 민족을 통한 월별 주문 통화 건수는 120만 건에 달하고요. 업계 1위 배달 앱의 매출이 100억 원을 넘었다고 해요. 특히 독창적인 서비스를 인정받아 실리콘밸리 등에서 120억 원 투자를 받기도 했답니다.

배달의 민족, 정말 억 소리가 나죠?

배달의 민족은 고객들에게 쉽고 편리하게 주문할 수 있게 도와주는 것은 물론이고, 가게 사장님들에게는 전단 인쇄, 배포 비용을 줄이는 효과, 쓰레기 발생을 줄여 환경보호까지…. 그 역할을 톡톡히 해내고 있답니다.

김 대표님처럼 고정관념을 깨 봐요. 그럼 이렇게 새로운 변화를 만들어낼 수 있답니다. 억대 연봉은 덤일 뿐이에요.

만을 알 수 있어요.

- 1000이 10개이면 10000이다.

- 이것을 10000 또는 1만이라고 쓰고, 만 또는 일만이라고 읽는다.

다섯 자리 수를 알 수 있어요.

- 10000이 ★개, 1000이 ◆개, 100이 ■개, 10이 ♣개, 1이 ♠개이면 ★◆■♣♠라 쓰고, ★만 ◆천 ■백♣십♠라고 읽는다.

십만, 백만, 천만을 알 수 있어요.

- 10000이 10개이면 100000 또는 10만이라 쓰고 십만이라고 읽는다.

- 10000이 100개이면 1000000 또는 100만이라 쓰고 백만이라고 읽는다.

- 10000이 1000개이면 10000000 또는 1000만이라 쓰고 천만이라고 읽는다.

억을 알 수 있어요.

- 1000만이 10개이면 100000000 또는 1억이라고 쓰고, 억 또는 일억이라고 읽는다.

조를 알 수 있어요.

- 1000억이 10개이면 1000000000000 또는 1조라고 쓰고, 조 또는 일조라고 읽는다.

4학년 2학기 수학 〉 1. 큰 수 〉 만~조를 알 수 있어요.

고정관념을 깬
합격사과, 위기를 기회로 바꾼 비밀

일본에는 아오모리현이라는 작은 마을이 있습니다.

사과로 유명한 지역인데, 1992년 태풍으로 전체 사과의 90%가
낙과한 일이 있었습니다.

사과농사로 번 수입으로 자녀들 교육도 시키고 생활도 해야되니,
농민들의 걱정은 이만저만이 아니었죠.

"저 사과들을 다 어떡하지?"

"어휴 속상해. 난 정말 억세게 운이 없어."

모두 주저앉아 불운을 탓하고만 있었어요.

하지만 그중에는 똑같은 상황 속에서도 가진 것을 볼 줄 아는 눈을 가진 사람이 있었습니다.

다른 농민들이 떨어진 사과를 바라보며 불운만을 탓하고 있을 때, 태풍을 견디고 끝까지 나무에 매달려 있는 남은 10%의 사과를 보았던 그 사람은 이렇게 말했답니다.

"태풍에도 끄떡없이 붙어 있는 사과들이 있다니 감사한 일이군. 어쩌면 이 사과는 희망이 필요한 사람들에게 꼭 필요한 사과 아닐까?"〈합격사과〉가 바로 여기서 시작되었던 겁니다.

"엄청난 태풍에도 떨어지지 않았던 나머지 10%의 사과이기에, 이 사과를 먹으면 어떤 시험에도 떨어지지 않는다"라는 수험생을 위한 기막힌 스토리를 만들어내게 된 것입니다.

기존 사과의 무려 10배의 가격을 받고 팔게 되었는데, 몇 달 만에 매진되는 결과를 낳았죠!

처음엔 모두 태풍으로 엄청난 피해를 당할 거라고 생각했지만, 오히려 10배의 가격을 받고 모두가 매진된 덕분에 경제적인 피해는 거의 없이 그해를 보낼 수 있게 되었고요.

게다가 그다음 해에는 태풍의 피해가 없었는데도 불구하고, 전국에 소문이 난 덕에 사과가 다 열리기도 전에 모든 사과가 〈합격사과〉라는 이름을 달고, 10배의 비싼 가격으로 매진되었습니다. 수입 역시 위기를 겪기 전보다 10배가 뛰게 된 것입니다.

살면서 누구에게나 위기는 찾아옵니다. 하지만 그 위기 속에는 분명히 기회가 숨어 있답니다. 고정관념을 깬다면 말이죠, 이 합격사과처럼요!

어린이
인생학교

**꿈씨앗
파노라마 3**

꿈★씨앗들을 합쳐라!
only one 될 것이다
온리   원

음식이라는 꿈★씨앗을 갖고 있는 여러분,
하지만 또 다른 꿈★씨앗도 눈을 크게 뜨고 찾아보세요.

그리고 그것들을 한 번 합쳐보세요. 그럼 아무도 따라올 수
없는 여러분만의 꿈★씨앗을 갖게 될 거랍니다.

세상에 단 하나뿐인 나, 온리원(Only One)이 될 거예요.

무슨 이야기인지 도통 모르겠다고요? 선생님이 쉽고 재미있는
색깔 이야기로 이해할 수 있게 도와줄게요.

여러분은 어떤 색깔을 좋아하나요?
"빨간색이오! 파란색이오! 흰색이오!"

여러 가지 색깔을 큰소리로 외치는 여러분의 모습이 그려지네요. "우리 그 색을 한 번 섞어볼까요? 그중 빨간색과 파란색을 한 번 섞어볼게요."

와우! '보라색'이라는 새로운 색이 탄생했네요.

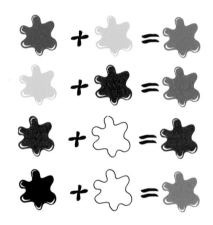

그 외에도

파란색 + 노란색 = 초록색

노란색 + 빨간색 = 주황색

빨간색 + 흰색 = 분홍색

검은색 + 흰색 = 회색

이렇게 색을 섞으면 '새로운 색깔'이 탄생하게 된답니다.

여러분의 꿈★씨앗에도 또 다른 무언가를 합쳐보세요.
그럼 그 누구도 따라 할 수 없는, 여러분만의 색을 갖게 될 거랍니다.

그걸 온리원(Only One, 세상 단 한 명의 특별한 사람)이라고 하죠.

음식이라는 꿈★씨앗에 또 다른 꿈★씨앗을 합쳐 온리원이 된 세상 속 이야기를 들려줄게요. 기대해도 좋아요.

나의 꿈과 교과서 지식, 두 마리 토끼를 잡는 꿈★씨앗 파노라마! 세계최초의 교과서 큐레이터, 백다은 선생님(현직 초등교사, EBS 강사)과 함께합니다.

음식 + 컴퓨터 기술(IT)

"선생님, 제 커피숍에 들어오세요."
"제 꺼두요. 어제 메뉴도 더 만들고, 까페 예쁘게 꾸몄어요."

한동안 학교에 오자마자 아이들이 달려와 선생님에게 하던 말이었죠. 바로 "I love Coffee 아이러브커피"라는 게임이 한창 유행할 때의 일이었어요.

❖게임 스토리 소개

할아버지가 물려주신 커피숍! 꽃미남 가브리엘,
신메뉴 개발을 도와주는 절친 소설가 제. 할아버지의
비서실장 차도녀 케이트와 함께 커피숍을 운영하고
키워가는 이야기입니다.

❖게임 특징

실제 커피숍을 운영하는 느낌!
원두를 직접 로스팅하고 다양한 메뉴를 만들어 판매. 청소도 하고
직원 관리도 하며 커피숍을 확장. 예쁘게 꾸밀 수 있습니다.
친구의 카페를 방문하거나 내 카페를 친구에게 자랑할 수 있습니다.

이 게임은 실제 커피숍을 운영하는 것처럼, 스마트폰 게임을 통해 원두를 직접 로스팅하고 다양한 메뉴를 만들어 판매, 청소도 하고 직원 관리도 하며 커피숍을 확장, 예쁘게 꾸밀 수 있을 뿐만 아니라, 친구의 카페를 방문하거나 내 카페를 친구에게 자랑할 수도 있는 게임이죠.

우리나라의 벤처회사에서 만들어진 이 '아이러브커피'라는 이름의 게임은 해외에서도 엄청난 인기를 끌었다고 해요!

NEWS

'아이러브커피' 해외 매출 국내 추월 중국 플랫폼
치후360 신작 랭킹 순위 1위 달성

도대체 이런 대박 게임을 만든 회사는 어떤 회사일까요?

'파티게임즈'라는 이 회사의 홈페이지에 들어가 봤어요.

음식이라는 꿈★씨앗에, 게임(컴퓨터) 꿈★씨앗까지
더해지면….

게임을 즐기는 사람이 될 수도 있지만, 이렇게 직접 고객에게
기쁨과 감동을 주는 게임을 만드는 사람이 될 수도 있다고요!

그럼, 이런 게임을 만드는 사람들은 또 사람들일까요?

궁금해할 여러분들을 위해, 이런 회사에선 어떤 사람을 뽑는지 선생님이 또 친절히 알려줄게요.

채용절차

| 채용공고 | 온라인 입사지원 | 서류전형 | 인터뷰 1차면접 (실무부서) | 인터뷰 2차면접 (임원) | 채용조건 협의 | 채용확정 |

상시채용

게임 기획	Game Design	사업 개발	Business Development
게임 개발	Game Programming	마케팅	Marketing
게임 그래픽	Game Graphic	QA	Quality Assurance
		서비스 운영	Customer Service Management

우선, 어떤 게임을 만들면 좋을지 계획을 짜는 게임 기획자,

실제로 그 게임을 컴퓨터 기술을 활용하여 만들어내는 게임 개발자,

게임 속 캐릭터와 그림, 움직이는 화면 등을 멋지게 디자인하는 게임(그래픽) 디자이너,

게임을 만들어 어떻게 돈을 벌 수 있을지 궁리하는 국내외 사업 개발자(팀),

우리 게임을 사람들에게 널리 알리는 방법(마케팅)을 찾는 마케팅 담당자(팀), 마케터,

고객 서비스, 이벤트 등 고객을 위한 서비스를 운영하는 서비스 운영(팀) 등

하나의 게임을 만들기 위해 이렇게나 많은 사람이 필요하답니다.

'아이러브커피' 외에도 라멘, 스시 등 다양한 음식을 만드는 게임들도 있고요. 음식과 관련된 게임은 그 종류가 특히나 다양하답니다.

게임뿐만 아니라, 요즘은 스마트폰의 앱도 많이 쓰는데요.

요즘 지하철에서나, 어디서나 남녀노소 할 것 없이 스마트폰에 푹 빠져 있는 걸 보죠?

국내 스마트폰 사용 인구수가 전체의 70%(약 3,500만 명)나 된다고 해요.

스마트폰 화면 안을 보면 가로세로 약 1cm도 안 되는 작은 버튼들이 있는데요, 그걸 '앱'이라고 불러요. 스마트폰 게임도 그 앱 중의 하나이고, 친구랑 카카오톡으로 채팅을 하기도

하고, 버스가 정류장에 도착하는 시간을 알기 위해, 움직이는 동화책을 보기 위해, 이메일을 확인하기 위해… 이렇게 여러 가지 용도로 사람들은 '앱'을 이용하죠.

재미있고 유용하게 쓸 앱을 만드는 스마트폰 앱 개발자나 게임 개발자가 된다면 어떨까요?

가령, 동네 맛집을 찾을 수 있게 도와주는 앱, 전통시장 활용을 도와주는 앱, 다이어트를 도와주는 앱 등 그 종류도 무궁무진해요.

'음식'이라는 꿈★씨앗과 컴퓨터 기술(IT)이 합쳐지면, 이렇게 색다른 꿈을 가질 수 있답니다.

 음식 + 과학

"선생님, 저는 초등학교 1학년 때부터 쭉- 과학자가 되고 싶었어요. 그런데 요즘 주말농장에 다녀오고 나선 농작물 기르기에도 관심이 무척 많아졌어요."

이렇게 과학, 음식 두 가지 꿈★씨앗을 갖고 있는 친구가 있었어요.

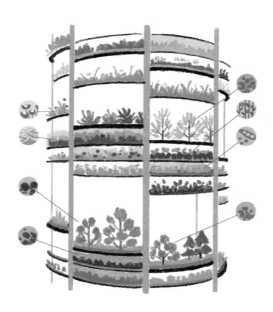

그 친구에게 이 그림을 보여주었죠.
그리고 저건 바로 '식물공장'이라고 이야기해 주었더니….

'식물공장'이라고라…? 역시나 깜짝 놀라더라고요.

여러분도 공장이라고 하면 보통 자동차나 TV와 같은 물건이 쏟아져 나오는 곳이라 생각하죠?

식물은 보통 논이나 밭에서 재배하는 것인데 말이죠. 그런데 요즘은 공장에서 물건을 생산하듯이, 식물도 공장에서 생산하는 기술이 전 세계에서 각광을 받고 있답니다.
꼭 아파트처럼 층별로 밭을 만들고, 각 층에 식물을 키우는 공장이죠.

이렇게 식물공장에서 잘 키운 농산물을 요즘은 대형마트 등에서도 만날 수 있답니다.

아마 엄마 따라 마트에 갔다가, 본 친구들도 있을 걸요?

식물공장은 과학 기술을 음식(채소, 과일 등)과 합친 대표적인 예죠. 처음에는 도시 생활에 지친 현대인들이 건강과 여유를 찾고 싶어서, 당장 귀농할 수 없는 대신 베란다, 옥상 등 자신이 사는 공간에 식물을 기르며 살아간 것이 그 시작이었습니다.

하지만 실내공간에서 식물을 잘 기르기 위해서 빛, 물, 온도, 습도, 이산화탄소 등을 조절해 적절한 조건으로 농작물을 수확해야 했기에, 이에 대한 과학 기술이 필요했죠. 그 덕에 사계절 수확도 가능하게 되었고요, 가격도 일정하게 유지할 수 있게 되었답니다.

세계 곳곳에서 만들어지고 있는 식물 공장들

또한, 세계 곳곳에서 식물 농장을 만들겠다는 프로젝트가 현실로 점점 펼쳐지고 있답니다.

경기도 용인에는 실내 식물 공장에서 직접 기른 채소를 샐러드와 비빔밥에 이용하는 카페도 있고요,

미국 캘리포니아주에는 슬럼가 내에 텃밭을 길러서 주변 빈민가에 저가로 공급하는 활동을 하는 단체도 있다고 해요. 뉴욕에는 옥상에 텃밭을 둔 건물만 600개가 넘고요.

캐나다 몬트리올에는 8,000개가 넘는 텃밭이 있어요.

심지어 남극 세종기지에도 식물 공장이 심어질 정도로 도시 농업에 대한 열기가 뜨겁답니다.

이렇게 세계 곳곳의 도시에서 텃밭, 옥상, 베란다 등에 다양한 형태의 도시농업이 등장하고 있습니다. 현재 전 세계의 도시농부는 8억 명이 넘는다고 해요. 정말 대단하죠?

여러분만의 관심 작목을 갖는다면, 세상 속 온리원(Only one) 도시농부가 될 수 있지 않을까요?

식물이 자라는 데 필요한 조건

(1) 햇빛

〈실험 방법〉

① 강낭콩 화분 2개에 같은 양의 물을 주고, 같은 장소에 둔다.

② 1개의 화분만 검은색 어둠 상자를 사용하여 햇빛을 가린다.

③ 일주일 후 두 화분을 관찰한다.

〈실험 결과〉

햇빛을 받은 강낭콩은 잎이 크고 두껍고, 진한 초록으로, 줄기도 짧고 굵게 자라나, 햇빛을 받지 못한 강낭콩은 잎이 작고 얇으며, 연한 초록색으로, 줄기는 길고 가늘다. ⇨ 햇빛은 식물이 자라는 데 꼭 필요한 조건이다.

(2) 물

〈실험 방법〉

① 강낭콩 화분 2개를 햇빛이 잘 비추는 곳에 둔다.

② 한쪽 화분에는 물을 주지 않고, 다른 쪽 화분에는 물을 준다.

③ 일주일 후, 두 화분의 변화된 모습을 관찰한다.

〈실험 결과〉

물을 준 강낭콩은 싱싱하게 잘 자란 반면, 물을 주지 않은 강낭콩은 잎과 줄기가 시들고 축 늘어졌다. ⇨ 물은 식물이 자라는 데 꼭 필요한 조건이다.

4학년 1학기 과학 〉 3. 식물의 한살이〉 (2) 식물이 자라는 데 필요한 조건을 확인해 봅시다.

꼭 직업이 아니라 하더라도, 다른 직업을 갖고 일하면서 주말에만 도시농부가 될 수도 있고요.

(도시농업으로 기른 농작물로 음식을 만드는)유기농 레스토랑 CEO가 될 수도 있어요.

꼭 직업으로 갖지 않더라도, 여러분이 직접 기른 상추로 삼겹살 파티를 열어 친구들과 즐길 줄 아는 멋진 사람이 될 수도 있는 거고요.

글로벌 종자 강국의 주인공이 되어 보세요!

지금부터 깜~짝 놀랄만한 이야기를 하나 들려줄게요. 귀를 쫑긋 세우고 들어요.

총성 없는 전쟁은 시작되었다…. 종자 전쟁!

무슨 이야기냐면요, 기후변화 등의 이유로 전 세계적으로 식량을 안정적으로 공급하는 것이 중요한 일이 되었답니다. 그중 씨앗(종자)은 미래 식량을 위한 가장 중요한 요소입니다. 그래서 나라별로 곡물, 채소, 화훼(꽃) 씨앗을 개발하고 보급하고 있는 데요.

이 중 네덜란드는 세계 종자 산업을 이끌어가고 있습니다. 그런데 속상하게도 우리나라는 이런 나라들에 외국 종잣값으로 172억 원(2011년 기준)이나 지급했다고 해요.

이런 추세가 이어지면 2020년에는 외국에 지급해야 할 금액이 무려 7,900억 원에 이를 거라고 전문가들을 말해요.

따라서 우리나라의 종자를 많이 확보하는 것이 시급한 문제란 뜻이죠. 그리고 다른 말로 하면, 이를 위해 일해줄 여러분처럼 똑똑한 사람들이 많~이 필요하단 이야기에요.

머리가 지끈지끈 아파오죠? 이걸 보면 조금 더 이해가 될 거예요.

"2020년 외국에 지급해야 할 종자값 7,900억에 달해"

다행히 요즘은 종자 산업의 중요성을 깨닫고 글로벌 종자 강국을 실현하기 위해 국가에서도 2011년부터 '골든 시드(Golden seed: 금값 이상의 가치를 가진 종자를 의미함) 프로젝트'를 앞장 서서 진행하고 있습니다.

여러분이 이를 위해 일하려면 첫째, 농업기술을 개발하는 농업 연구사(공무원)[4]가 되는 방법(20세 이상 응모 가능)도 있어요.

60:1이 넘을 정도로 높은 경쟁률을 자랑하지만, 어렸을 때부터 차근차근 준비하는 친구들에겐 기회의 문이 열릴 수 있다고 생각해요.

더 자세한 내용을 알아보고 싶을 때에는 주말이나 방학을 활용 해 국립농업과학원 농업유전자원센터(http://www.genebank. go.kr/)에 견학을 가보는 것도 좋은 방법입니다.

또 다른 방법으로는, 수경재배, LED[5], 종자 개발 등 다양한 과학기술을 개발하여(특허기술을 가진) 벤처기업가가 될 수도 있답니다. 그야말로 세상에 단 하나뿐인 온리원이 될 수 있죠.

---

4 농업연구사 : 우리나라 농업 발전을 위해 일하는 농업전문 공무원, 농업에 필요한 품종개
   발 및 재배기술 연구
5 일반 가정, 전시 등에 사용되는 실내조명과 TV, 자동차, 휴대폰, 전광판 등 우리 실생활 곳
   곳의 다양한 분야에서 쓰이는 기술

'써니'라는 이름의 포장 화분을 판매하는 CEO 김용국 대표님은 원래 직업군인이었어요. 그런데 지금은 특허 발명가이자, 농부, CEO(사장)가 되었는데요.

포장 화분 및 LED 미니 스탠드(인공 햇빛) 등을 개발하여 특허 1건과 실용신안[6] 2건까지 얻고, KBS 방송에도 출연하는 등 써니야 화분이 잘 팔려 사업가로서도 승승장구하고 있죠.

실내에서 채소 키우기 어려웠던 사람들을 위해 LED 미니 스탠드를 만들었거든요.

김용국 대표가 개발한 LED 미니 스탠드

---

6 이미 사용하고 있는 물품을 보다 편리하고 유용하게 쓸 수 있도록 한 물품에 대한 아이디어

농업과 과학, 꿈★씨앗들의 만남 | 신품종 개발

　꽃도 예외가 아닌데요. 농업이 과학기술과 합쳐져 놀라운 기적을 만들어냅니다. 특히 이 장미꽃은 종자 전쟁에 대비할 수 있는 대한민국의 든든한 효자 상품이기도 한데요.

　녹색과 흰색 장미, 분홍 장미와 보라색 장미 등 모두 우리가 개발한 신품종들입니다.

　2006년부터 국산 장미의 품종 개발이 본격화되면서 국내에서 개발된 품종이 0%였던 것에서 22%까지 높아졌습니다. 덕분에, 외국에 지급하던 로열티도 77억 원에서 38억 원으로 절반이나 줄었다고 해요. 특히, 2012년부터는 남미와 유럽 6개국에 국산 장미 다섯 품종을 수출해 로열티를 받아 앞으로는 로열티 흑자도 기대된다고 하네요.

요리와 과학의 환상적인 만남 | 분자요리

"선생님, 이제 요리 이야기도 들려주세요. 음식(요리)이랑 과학 꿈★씨앗이 합쳐지는 걸로는 어떤 이야기가 있어요?"

눈을 반짝이며 기다리는 친구들도 있을 테니, 이제 요리와 과학이 합쳐지는 이야기 들려줄게요.

Q. 세계 50위 식당 순위에서 1위에서 4위까지, 상위권 순위가 모두 ○○요리를 하는 식당 이래요. ○○이 뭘까요?

정말 예쁘면서도 신비로운 느낌을 주는 요리죠. ○○에 들어갈 말은 바로, '분자'래요.

좀 어려운 말인데, 음식과 과학이 합쳐진 이 요리를 '분자요리' 라고 해요.

일반 요리와는 달리, 음식 재료 본래의 맛은 살리되 재료와
조리법을 과학적으로 분석해 완전히 새로운 요리로 탄생시키는
거죠. 요리 연구실이 아니라, 꼭 과학 실험실 같다니까요.

영국 음식 전문지가 선정하는 '세계 최고 레스토랑'에서 5번이나
선정된 스페인 레스토랑 "엘 불리", 이 레스토랑은 일 년 중
절반만 문을 연대요. 나머지 기간은 연구만 하죠. 연간 8천 명만
예약을 받는데, 예약 희망자만 무려 2백만 명을 넘었다는군요.
식사값이 무려 250 유로(우리 돈으로 35만 원)이나 하는데도
말이죠.

이 레스토랑의 주인이자, 세계 분자요리의 대가로 불리는
페란 아드리아의 이야기는 영화로도 만들어졌어요.

어때요? 음식 + 과학 꿈★씨앗의 만남, 정말 온리원(세상 단 한 명의 특별한 사람) 맞죠?

선생님은 페란 아드리아의 요리를 볼 때면, 예술작품 같다는 생각을 해요.

음식 + 과학 + 예술까지….

직접 이 쉐프를 만나본 적은 없지만, 아름다운 예술 작품들도 많이 접하고 공부해온 분일 거라는 생각이 들어요.

"저는 요리사가 꿈입니다."라고 말하는 친구들이 엄청나게 많아요.

66 저는 사람들의 눈과 입을 즐겁게 해줄 창의적인 요리를 만들 ○○○분자요리 연구소장이 되고 싶어요. **99**

이렇게 색다르게 자신을 소개하는 친구가 있다면 어떨까요? 그렇게 준비된 모습으로 하루하루를 살다 보면, 좋은 기회 또한 찾아올 거예요. 물론 분자요리는 하나의 예일 뿐이에요. 정답은 바로 여러분 안에 있어요. 여러분은 음식이라는 꿈★씨앗에 어떤 또 다른 꿈★씨앗을 더해 볼 건가요?

세상 단 하나뿐인 온리원(Only One)이 되기 위해, 책도 많이 읽고 가족, 친구들과도 이야기 나눠보세요.

음식과 과학의 환상적인 만남 | 애플리케이션

음식과 과학이 합쳐진 예로 마지막으로 소개할 것은 바로, 다이어트와 관련된 것이랍니다.

사람들의 다이어트를 도와주는 애플리케이션 'Noom'인데요.

뉴욕 사람들도 한눈에 반하게 한 똑똑한 다이어트 코치라고도 불린다지 뭐예요.

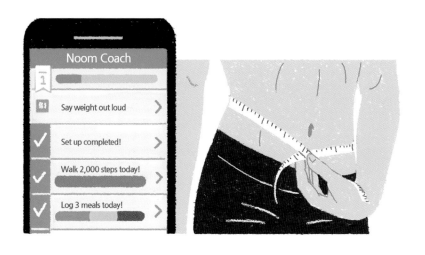

　'Noom(눔)'은 빅 데이터라는 과학기술을 활용해 다이어트를 도와준답니다.

　빅 데이터? 빅은 큰 것, 데이터는 정보란 뜻인데… 하는 친구들 있죠?

　맞아요. 그 엄청난 양의 정보를 빅 데이터라고 하는데요.

　눔에서는 전 세계 이용자(지금까지 2,300만 다운로드(2014년 6월 기준))들의 운동, 식단 등의 정보가 실시간으로 모니터 되고, 이 엄청난 양의 빅 데이터를 통해 다이어트 하는 사람들의 식단이나 운동 프로그램을 개발한다고 합니다. 과학기술을 활용하여 다이어트를 도와주는 똑똑한 기술, 맞죠?

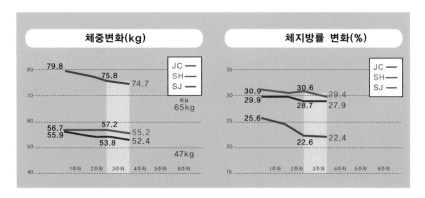

이 프로그램을 만든 사람은 한국인, 정세주 대표님이랍니다.

한국에서의 거듭된 사업 실패로 고생을 많이 했지만, 우연히 구글(Google) 수석 엔지니어의 사업 제안을 받고, 지금 미국 뉴욕을 시작으로 다이어트 코치로 거듭난 청년 기업가랍니다. 전 세계 어플리케이션 시장에서 건강 운동분야 매출 1위라고 하니, 여기도 어 소리나는 것 맞죠?

참! 여러분은 한창 성장할 나이라서 다이어트를 해서는 안 된다는 사실, 잊지 말아요!

대신, 어릴 때부터 좋은 식습관을 들이는 것은 꼭 필요하니, 영양성분 표시에 대해 알려주도록 할게요.

영양성분 표시, 꼭 알아야 해요 (5학년 실과 연계)

해당 음식에 어떠한 영양소가 얼마나 들어가 있는지 표시한 것이 바로 영양성분 표시인데요. 이지혜 영양사님이 영양 성분 표시를 볼 때 주의해야 할 것들을 알려주셨어요.

우선 영양 성분 표시를 확인할 때 쓰여있는 숫자가 1회 제공량을 뜻한다는 것에 명심해야 한다네요.

영양 성분		
1회 제공량 150g/총 4회 제공량		
1회 제공량당 함량		%영양소 기준치
열량	150kal	
탄수화물	20g	6%
당류	7g	
단백질	2g	
지방	7g	
포화지방	2.2g	
트랜스지방	0g	
콜레스테롤	0g	
나트륨	80mg	
*% 영양소 기준치 : 1일 영양소 기준치에 대한 비율		

봉지에 표시된 영양성분표시 (1회만 표시됨)

영양 성분		
1회 제공량 150g/총 4회 제공량		
1회 제공량당 함량		%영양소 기준치
열량	600kal	
탄수화물	80g	24%
당류	28g	
단백질	8g	12%
지방	28g	56%
포화지방	4.4g	60%
트랜스지방	0g	
콜레스테롤	0g	0%
나트륨	320mg	16%
*% 영양소 기준치 : 1일 영양소 기준치에 대한 비율		

실제 영양성분

예를 들어, 과자 뒤에 1회 제공량 150kcal라고 쓰여 있어요.

'이 과자를 다 먹어도 150kcal밖에 안 되는군'이라고 생각하는 친구들이 있을 수도 있죠. 하지만 더 자세히 성분표를 살펴보면 1회 제공량이 1/4 봉지라고 쓰여있는 것을 확인할 수 있죠. 실은 과자 1봉지에 무려 600kcal라는 열량이 들어있다는 것을 알 수 있는데요. 이것은 밥 두 공기와 동일한 칼로리라고 해요.

다음으로 보이는 것이 탄수화물인데요. 탄수화물과 같은 영양소들은 하루 권장 섭취량의 몇 %에 해당하는지를 보여줍니다. 마찬가지로 1회 제공량이 기준이기 때문에 계산을 잘해 보아야 합니다. 그리고 당류는 더 관심을 갖고 보아야 하는데요. 그 이유는 당류가 비만을 초래하는 주범 중 하나이기 때문이에요.

또 지방에는 2가지 종류가 있는데요. 좋은 지방은 올리브 등을 통해 섭취할 수 있고, 혈관을 청소해주어 좋은 콜레스테롤 수치를 높여준다고 해요. 하지만 나쁜 지방은 혈관 안에서 굳어버려 혈관을 좁게 만들고 혈액순환을 어렵게 만든답니다. 삼겹살 먹고 나서 생기는 기름이 하얗게 굳는 것 본 적 있죠? 우리 몸 안에서 그런 변화가 일어난다고 생각만 해도 끔찍하지 않나요?

또 트랜스 지방은 원래 존재하던 것이 아니라, 사람들이 만들어낸 지방이에요. 트랜스 지방은 음식 빛깔을 좋게 만들고 바삭바삭하게 만들어주기는 하지만, 건강에는 아주 좋지 않으니, 꼭 기억해 두세요.

음식 + 예술

음식과 예술, 꿈★씨앗을 더한 청년

야채를 파는 한 청년이 있었습니다. 그는 말했어요.

❝ 지금의 이 세상을 누구나 상상할 수는 있습니다. 하지만 이 세상을 변화시킨 사람은 그 상상을 행동으로 옮긴 사람입니다. ❞

그는 야채 장사지만, 〈인생에 변명하지 마라〉라는 제목의 책도 썼습니다. 그의 이야기를 다룬 TV 드라마와 뮤지컬도 있습니다. 그에겐 어떤 사연이 있는 걸까요?

그는 '총각네 야채 가게'라는 이름의 야채 가게의 CEO(대표)입니다. 하지만 좀 특별한 야채 가게죠. 지금은 전국에 무려 40개나 점포를 가진 대규모 농산물 판매 기업이랍니다.

그는 남들 다 대학 졸업 후 취업만을 인생의 목표로 삼을 때, 오히려 남들과는 달리 "야채 장사에 내 인생을 걸어보자."라고 생각했어요.

장사 초짜였던 그는 오징어를 파는 사람을 스승으로 여기고, 그가 새벽 1시에 나오면 11시에 미리 나와서 차도 닦아놓고 히터를 켜고 기다렸습니다. 스승님과 함께 장사를 하면서 단골이 늘어 하루 매출 200만 원이라는 목표를 달성하는 경험을 했습니다.

그는 이후 가게를 하면서도, 야채만 파는 게 아니라, '즐거움'을 파는 특별한 가게를 만들기 위해 노력했답니다. 바나나 행상을 할 때는 거금을 투자하여 원숭이를 데리고 다니기도 할 정도였다니까요. 만우절 날은 직원 모두가 여장을 하고 모여선 간판 위에 '처녀네 야채 가게'라는 현수막을 걸고 그날 하루만큼은 나긋나긋한 아가씨가 되어 장사를 했답니다. 화이트데이에는 정장을  빼입고 사탕을 나눠주고, 밸런타인데이에는 초콜릿을 선물하고, 국군의 날에는 다들 군복을 입고 손님들에게 "충성!"을 외치며 야채를 팔았답니다.

정말 재미있는 야채 가게죠?

야채를 파는 사람들 누구나 열심히는 팔 거예요. 하지만 이영석 대표님은 음식이라는 꿈★씨앗에 예술을 더했어요. 그렇게 자신만의 멋진 스토리를 만들어 나간 거죠. 그 결과, 그의 책, TV 드라마, 뮤지컬 등 예술 꿈★씨앗이 합쳐져 '총각네 야채가게'는 더욱 승승장구하게 되었답니다.

뮤지컬 총각네 야채가게

그 밖에도 음식과 관련한 예술(영화, 드라마, 소설, 노래 등) 작품은 등 전 세계적으로 이렇게나 다양하답니다.

영화 : 라따뚜이, 하늘에서 음식이 내린다면, 쉐프, 엘 불리 등
드라마 : 제빵왕 김탁구, 내 이름은 김삼순(파티쉐 이야기), 총각네 야채가게 등
노래 : 팥빙수(윤종신), Java Jive(I love coffee, I love tea) (맨해튼 트랜스퍼) 등

음식과 관련한 예술작품을 만드는 작가, 드라마 PD, 뮤지컬 (연극) 연출가, 배우 등 다양한 꿈을 꿀 수도 있어요.

음식과 예술, 꿈★씨앗의 만남, 정말 멋지죠?

초콜릿과 패션, 꿈★씨앗들을 합쳐요!

이번에는 여러분이 좋아하는 초콜릿과 패션의 만남을 소개할게요.

바로 초콜릿으로 만든 드레스, 모자로 가득 찬 패션쇼장인데요. 탤런트 김유정 양도 모델로 참여한 이 패션쇼는, 프랑스 파리에서 19년이나 된 전통 있는 초콜릿 패션쇼인데요. 유정 양은 이 달콤함에 취한 걸까요.

"걸어가다가 초콜릿을 먹을 것만 같다"고 했어요. 또 8kg이나 되는 초콜릿 드레스가 무거워 걷기도 어려워 고생했지만, 달콤한

이 패션쇼는 아마 평생 잊을 수 없는 추억이겠죠?

미술(디자인)에 관심 있는 친구는 또 여기에 주목해 주세요!

음식과 미술, 꿈★씨앗의 환상적인 만남!

음식과 미술 감각의 특별한 만남 | 비주얼 머천다이저

비주얼 머천다이저라는 특별한 직업을 갖고 있는 이랑주 VMD 연구소 소장님을 소개합니다. 비주얼 머천다이저는 백화점이나 대형마트, 명품 매장 등에서 고객의 심리를 파악하여 물건을 효과적으로 배치하는 직업이랍니다.

소장님은 2005년부터는 자신의 능력을 우리의 전통시장을 살리는 일에 뛰어들고 있습니다. 폐업 위기에 처해있던 가게가 그의 도움을 받고 대박 가게로 변신하는가 하면, 전통시장 상인들이 힘을 합쳐 대통령상까지 받는 등 전통시장의 마이다스의 손으로 불릴 만큼, 그 가치를 인정받고 있는데요.

예를 들어볼까요?

여러분이 생선을 사러 갔을 때, 어떤 생선을 사고 싶어요?

A와 B 중, 어느 것이 더 먹음직스러운가요?

생선은 B처럼 대각선으로 진열할 때 훨씬 싱싱해 보인다고 해요. 이랑주 대표님의 손길이 닿은 후 이렇게 달라진 거예요.

바로 이겁니다. 음식과 미술(디자인)이 합쳐지니, 전국의 많은 쪽박 가게가 대박 가게로 변신했다니까요!

무언가를 예쁘게 꾸미는 걸 좋아 하는 친구들은 푸드 스타일리스트 라는 직업에도 관심을 가져보세요.

푸드 스타일리스트는 쉽게 말해 서 연예인들을 멋있게 꾸며주는 스타일리스트처럼, 음식을 아름답게 만드는 것이라 생각하면 된답니다.

손님에게 음식을 낼 때 음식을 예쁘고 아름답게 보일 수 있도록 음식의 배치와 색의 조화는 물론이고 접시나 주변 식기구까지도 고려하여 스타일링하는 것이 푸드 스타일리스트가 하는 일이죠.

요리에도 스토리텔링이 필요해!

요즘은 음식 관련한 TV 프로그램도 인기를 끌고 있답니다.

지상파 방송에서는 물론, 음식과 관련된 전문 채널들도 인기를 끌고 있죠.

선생님은 케이블 TV의 인기 프로그램인 한 요리 오디션의 애청자였는데요. 거기에 나오는 김태형 도전자의 요리 상상력이 무척 놀라웠어요.

'양의 인생'이라는 제목의 양고기 스테이크였는데요.

양이 사과와 풀을 먹고 점점 자란다는 이야기를 요리에 입힌 거라네요. 그런 이야기가 숨어있다면 요리를 먹는 사람도 그 모습을 상상하며, 흐뭇하게 웃음 짓게 되지요.

이쯤 되면 요리를 예술이라 해도 손색이 없겠죠?

맛있는 TV 프로그램을 통해 다양한 사람이 나와 자신의 레시피를 소개하고 요리하는 모습을 보는 것도 음식 꿈★씨앗을 가진 여러분에게 많은 도움이 될 거로 생각해요.

이렇게 여러분만의 꿈★씨앗을 합쳐보세요. 그래서 여러분이 창조한 그 직업의 제1호 ○○○이 되는 것이랍니다. 상상만으로는 충분하지 않아요. 지금 당장, 내가 시작할 수 있는 일들을 찾아 시작해 보는 거예요.

사회문제, 그것을 해결하면
나의 성공이 보인다

"환경오염이 심각합니다." "불량식품이 학생들의 건강을 해치고 있습니다." "유기견이 나날이 늘어나고 있습니다." 뉴스나 신문에서 자주 보는 이야기들이죠? 하지만 이런 사회문제를 내가 직접 해결할 수 있다고 생각하는 사람은 많지 않았어요.

하지만 몰라서 그렇지 이런 사회문제는 결국 나의 문제 랍니다. 예를 들어볼까요? 만약 그대로 방치해둔다면, 오염된 물과 음식은 결국 내 입으로 들어오게 될 것이고요, 건강에 좋지 않은 온갖 불량 가공식품들을 먹으면 건강도 나빠질 거예요.

어디 그뿐인가요? 주변을 둘러보면 주인 없이 버려지는 유기견이 나날이 많아지는 등 오늘날의 사회문제는 너~무나 많습니다. 여러분이 사회 시간에도 배우고 있듯이. 현대 사회에는 환경문제, 저출산 고령화 문제, 청년 실업 문제, 성차별 문제, 빈부격차 등 많은 문제가 있답니다.

환경문제

빈부격차

성차별문제

노령화

현대사회 일어나고 있는 많은 사회 문제들

이러한 사회문제는 곧 나의 문제입니다. 남의 문제가 아니에요. 그리고 그것을 해결하기 위해 노력하다 보면, 그것이 여러분에게 또 다른 일할 수 있는 기회도 안겨줄 거예요.

지금부터 들려주는 따뜻한 마음을 가진 사람들의 이야기 속에서 여러분이 어떤 인생을 살아갈지 고민해 보세요.

이런 문제들을 해결하기 위해 정부, 기업은 물론, 개인 각자의 노력이 계속 이어지고 있답니다.

우리나라는 전쟁 이후, 짧은 시간에 급격한 성장을 하면서 많은 문제들이 발생했습니다.

경제 성장 과정에서 발생한 문제

● 천연자원 부족

천연자원의 수요가 늘어나면서 자원을 확보하기가 더 어려워지고 가격도 비싸졌다. 우리나라는 천연자원이 부족하여 대부분을 외국에서 수입한다.

● 환경오염

기업의 제품 생산량이 늘어나면서 공장의 매연, 산업 폐수, 산업 쓰레기 등의 환경 문제가 나타난다. 승용차 사용의 증가로 공기가 오염된다.

● 외국인 근로자 및 다문화 가정 문제

외국인 근로자들이 언어 문제와 사회적 차별을 겪고 있다. 다문화 가정에서 자녀의 교육 문제와 문화적 차이 등으로 어려움을 겪고 있다.

● 빈부격차

소득이 적은 사람과 많은 사람의 차이가 심해지고 있다.

● 기업과 근로자의 역할

임금이나 근로 환경 문제 등에 갈등이 생기기도 한다.

6학년 1학기 사회 〉 1. 우리 경제의 성장과 과제 〉
경제 성장에 따른 사회 문제와 그에 대한 해결 방안 찾아보기

가령 정부, 기업 등에서는 여러 가지 사회문제를 해결하기 위해 다양한 캠페인을 열거나 기부금 등으로 직접적인 도움을 주는 경우도 많고요. 가수 이효리 언니가 유기견 문제를 해결하기 위해 순심이라는 유기견을 직접 키우고, 꾸준히 동물보호를 위한 운동에 참여하듯, 개인적으로도 사회문제 해결에 적극적으로 참여하는 사람들이 늘어나고 있죠.

　이번에는 음식에 관한 사회문제를 해결하기 위한 많은 사람들의 노력을 소개하려고 해요.
　게다가 여러분이 지금 당장 실천할 수 있는 것들까지 팁을 줄 테니, 집중해요!
　어쩌면, 이런 선생님의 노력도 여러분의 미래와 세상을 바꿀 수도 있으니까요.

나의 꿈과 교과서 지식, 두 마리 토끼를 잡는 꿈★씨앗 파노라마! 세계최초의 교과서 큐레이터, 백다은 선생님(현직 초등 교사, +EBS 강사)과 함께합니다.

음식으로 혁명을 만들다.
스타쉐프 제이미 올리버 이야기

제이미 올리버는 영국이 낳은 세계적인 스타쉐프에요. 하지만 이제 그를 단순히 솜씨 좋은 요리사나 사업가로 여기는 사람은 드물어요.

오히려 10년 동안 한결같이 사회적 활동을 해 와서, 이제 요리로 세상을 바꾸는 사회 운동가로서 명성이 더 높죠.
더 나아가 요리로 세계를 바꾼 혁명가, 영웅으로까지 여겨지고 있다니까요.

제이미 올리버가 운영하는 레스토랑에는 조금 특이한 점이 있어요. 그건 바로 이런 사람들을 모집한다고 공고가 나오는 건데요.

보통의 모집 공고와는 완전히 다르죠?

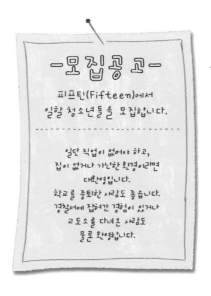

실제로 이 피프틴(Fifteen) 레스토랑에 찾아오는 대부분의 젊은이는 알코올중독자, 마약중독자, 가출청소년, 범죄자래요.

도대체 이 레스토랑에는 어떤 사연이 있었던 걸까요?

제이미 올리버는 런던에서 문제아들을 요리사로 키워내는 방송 프로그램 '제이미스 키친(Jamie's Kitchen)'에 출연 했었는데요.

15명의 거리의 아이들과 18개월간의 힘겨운 시간을 견디면서 요리를 배워본 적도 없는 아이들에게 요리를 가르쳐주는 프로그램이었죠. 점점 달라져 가는 아이들의 모습이 방송을 통해 소개되면서 많은 사람에게 감동을 준 거죠.

그는 그 프로그램을 계기로 학교생활에 적응하지 못하는 비행 청소년들을 모아 요리를 가르치고, 자신의 레스토랑 '피프틴'에 취업시켰던 거예요. 그때 청소년의 숫자가 열다섯 명이어서, 레스토랑의 이름이 피프틴(Fifteen)이라지 뭐에요.

이후 106명의 청소년들이 피프틴에서 성공적으로 교육 후 취업을 했고, 그들 중 일부는 자신의 레스토랑을 만들기도 했답니다.

그는 요리로 세상을 바꾸는 이 일을 시작으로, 2003년에는 방송사와 손잡고 영국 공립학교 급식 개혁 프로젝트를 시작해요.

숫자를 영어로 나타내기

• 1~100까지 숫자로 나타내기

1 one / 2 two / 3 three / 4 four / 5 five/6 six / 7 seven /8 eight / 9 nine /10 ten /11 eleven / 12 twelve / 13 thirteen / 14 fourteen / 15 fifteen / 16 sixteen / 17 seventeen / 18 eighteen / 19 nineteen / 20 twenty / 30 thirty /40 forty / 50 fifty / 60 sixty / 70 seventy / 80 eighty / 90 ninety/ 100 one hundred

• 큰 숫자 단위를 나타내기

몇백을 나타낼 때에는 hundred 앞에 숫자를 붙여주어요. 200(two hundred), 500 (five hundred)처럼요. 이보다 더 큰 숫자 단위인 천, 만, 십만, 백만, 천만, 억, 십억은 각각 a thousand(천), ten thousand(만), a hundred thousand(십만), million(백만), ten million(천만), a hundred million(억), a billion(십억)이라고 표현합니다.

• 수를 끊어 읽는 방법

영어는 우리나라 셈과는 달리 1,000씩 끊어서 읽고, 1,000마다 새로운 단위가 나옵니다. 1,000 one thousand / 2,000 two thousand / 10,000 ten thousand (만) (세 자리 수에서 끊어 표시해주세요.)
100,000 one hundred thousand (십만) (세 자리 수에서 끊어 표시해 주세요.) / 1,000,000 one million (백만) 10,000,000 ten million (천만) / 100,000,000 one hundred million (일억)

3학년 〉 영어 5. How many apples? 〉 숫자를 영어로 나타내기, 4학년 〉 수학 1. 큰 수

사회문제, 그것을 해결하면 나의 성공도 보인다 | 101

영국의 학교 급식이 당시 '고양이 사료'만도 못한 수준으로 아주 심각했거든요.

정부의 예산이 부족해 식품이라기보다, 공장에서 만든 제품에 가까운 정크푸드가 매일같이 제공되고 있었지요. 정의의 제이미 올리버는 이 사태를 그냥 두고 볼 수 없었습니다.

제이미는 지방의 한 공립학교 급식소에 영양사를 자처하고 나서 이런 현실에 도전했죠.

빠듯한 예산안에서 아이들에게 '진짜 음식'을 먹이기 위해 고군분투합니다.

아이들에게 좋은 음식을 먹게 하려고 저렇게 채소 인형 탈을 뒤집어쓰는 것도 마다치 않았죠.

게다가 다른 영양사들을 설득하고, 정성을 다한 요리를 '맛없다'며 잔반통에 쏟는 아이들을 어르고 달래고, 예산 부족을 이유로 난감해 하는 교장과 다투고, 뻣뻣하게 구는 구청 직원과 싸우고, 교육부 장관을 만나 담판 지었습니다.

그러다 마침내 당시 영국 총리였던 토니 블레어의 약조까지 받아내는 데 성공한답니다.

그 결과 2005년 마침내, 영국에선 공립학교 급식 개혁 법안이 통과됩니다.

제이미 올리버의 노력으로 예산이 늘어났고 '정크푸드'는 학교 급식에서 금지됐습니다.

그는 자신이 좋아하고 잘하는 일로 세상을 바꾼 진짜 혁명가가 된 거죠. 그는 영국뿐 아니라, 전 세계적 유명인사가 되었어요.

그는 여기서 멈추지 않고, 전 세계 음식 문제를 해결하기 위해 노력을 진행하고 있답니다.

따뜻한 마음을 가진 제이미 올리버가 자신의 재능을 발휘해 세상을 바꾸고 있는 것처럼, 여러분도 이런 멋진 어른으로 자라나면 좋겠어요.

어리다고 놀리지 말아요.
혁명가 버크베어의 이야기

어떻게 하면 내가 세상을
바꿀 수 있을까?

흔히 "어른이 되면 저도 사회에 좋은 일을 할 거예요."라고
말해요. 미루지 말고, 지금 당장 시작할 수 있는 방법은 없을까요?
11살 버크베어는 유기농 농부를 꿈꾸는 어린이입니다.

버크베어는 여느 어린이와 다를 바 없이 콘플레이크, 햄버거,
콜라, 과자 등 인스턴트 음식을 즐겨 먹곤 했습니다. '몸에
좋진 않겠지만, 나빠야 얼마나 나쁘겠어.'라고 생각했죠. 또한,
깨끗한 땅에서 자라거나, 오염되지 않은 바다에서 생산해낸
좋은 음식들로 식탁이 가득 메워지고 있다고 믿었습니다.

그러던 어느 날, 9살 때 가족 여행을 하면서, 식탁에 올라온 음식들이 형편없는 환경에서 온 것임을 알게 됩니다. 유전자를 조작한 씨앗과 생물, 살충제와 제초제가 가득 뿌려진 채소, 방사선을 쐬고 자라는 과일까지⋯. 그는 큰 충격에 빠지게 됩니다. 그리고 사람들이 '친환경적인 농업의 중요성에 대해 알아야 해.'라는 생각을 하게 됩니다. 그래서 '더 많은 사람에게 식품에 대한 지식을 정확히 알리고, 바르게 자란 먹거리를 스스로 선별해서 먹을 수 있게 만들자!'라는 대견한 생각을 갖게 된 거죠.

버크베어는 '내가 다른 사람에게 알려주려면, 그만큼 지식이 충분히 뒷받침되어야 한다.'고 생각하고 공부를 열심히 했죠.

그리고 아주 작은 일부터 시작합니다. 가까운 친척 동생과 친구들에게 우리가 먹는 음식의 위험성, 친환경 음식이 필요한 이유를 설명하였죠.

식품첨가물이란?

• 식품첨가물이란 색깔을 내거나, 맛과 향을 좋게 하고, 양을 부풀리기 위해, 또 비타민과 같이 영양가를 높이기 위해 식품의 제조 과정에 넣는 물질입니다.

식품첨가물의 종류

• 감미료 : 식품을 달게 함
• 착색료 : 보기 좋게 하려고 색을 입힘
• 발색제 : 색이 변하는 것을 막기 위해 사용
• 표백제 : 식품을 희게 만들기 위해 사용
• 조미료 : 식품의 감칠맛을 내기 위해 사용

식품첨가물이 몸에 나쁜 이유

원인 모를 질병을 일으켜 몸을 아프게 합니다.

6학년 보건 공통 〉 일상생활과 건강 〉 과자, 알고 먹어요.

좋은 음식을 골고루 먹어야 하는 이유

① 몸이 건강해집니다.
② 튼튼하게 자랄 수 있습니다.
③ 몸에 좋은 영양분을 골고루 섭취할 수 있습니다.

2학년 1학기 〉 통합교과 나 〉 나의 몸

❝다음번에 네가 식료품 가게에 가면 유기농을 고르고, 그걸 만든 농부와 그 식품에 대해 생각해보는 건 어떨까?❞

그리고 그 결과는 생각보다도 빠르게 나타났습니다. 그의 친척 동생이 설탕이 가득한 시리얼과 유기농 시리얼 중에 '유기농 시리얼을 먹겠다.'고 나서는 모습을 보인 것입니다. 그는 지치지 않고 주변 사람들에게 계속 말했습니다. 서두르거나 조급해하지 않고 한 번에 한 아이씩. 조금씩 그렇게 말이죠.

NFL 풋볼 선수를 꿈꾸던 버크베어의 장래희망은 바뀌었습니다. '유기농 농부'로요. 건강한 식탁을 만들기 위해 더 많은 사람에게 이야기하기 위해 전 세계인을 대상으로 강연을 하는 강연가이기도 해요. 빌 게이츠가 섰던 TED라는 강연무대에 서기도 했다니까요.

버크베어는 자신이 발견한 문제에 대해 충분한 지식을 쌓고, 자신의 주변 친구들을 설득했을 뿐이지요. 그렇지만 어른들의 설명보다 훨씬 효과적으로 나쁜 식습관에 길들어 있던 아이들의 변화를 이끌어냈죠. 여러분도 버크베어처럼 작은 아이디어로 세상의 변화를 만들어보세요!

좋은 사회를 만들어요,
좋은 기업 이야기

푸드포체인지의 푸듀케이터의 이야기

푸드포체인지는 건강한 사회를 만들기 위해 다양한 식생활 교육을 펼치고 있는 사회적 기업이예요.

식생활 교육에는 이것을 가르치는 선생님의 역할이 아주 중요한데요.

그 직업의 이름은 음식을 뜻하는 푸드(food)와 교육자(educator)를 합쳐, '푸듀케이터(food+educator)' 랍니다.

푸드포체인지는 우리가 먹는 음식이 어디서 어떻게 누구에 의해 만들어졌는지를 배우는 교육, 자연 음식 재료의 맛을 오감을 통해 맛보는 미각 교육 등 먹거리와 관련된 다양한 것들을 가르치고 있답니다.

예를 들면 제조일자와 유통기한, 첨가물, 영양 성분 확인 등 식품 표시를 확인하는 방법을 알려주는 교육과 제철 농산물을 오감을 통해 맛보고 그것으로 즐겁게 요리하는 교육을 하고 있답니다. 또한 밥상머리 교육의 필요성과 효과, 가족 간의 대화법, 건강한 영양식단 및 식사 예절 등을 자연스럽게 알려주는 교육도 하였답니다.

(사)푸드포체인지는 지난 2012년부터 어린이들에게 올바른 식습관을 형성하기 위해 바른 먹거리 교육으로 어린이와 학부모, 교사 등 10,000명을 대상으로 1년 500회에 걸쳐 실시하고 있다니, 이런 노력으로 음식에 대한 많은 사람들의 생각이 달라지겠죠?

식생활 환경의 변화

- 다른 나라 식품을 수입
- 재배 기술 발달 – 계절과 관계없이 농산물을 먹을 수 있게 됨
- 유전자 조작 기술 – 유전자 조작 식품 등장 외식,
- 패스트푸드, 즉석식품, 가공식품 증가 농약,
- 환경 호르몬 증가 – 안전한 식생활을 위협

식품을 선택할 때의 유의점

- 자연산, 국내산 식품을 선택한다.
- 수입 식품은 반드시 원산지를 확인한다.
- 유통 기한을 확인한다.
- 가공식품의 경우 식품 첨가물의 종류를 확인한다.

6학년 보건 공통 〉 우리 식생활 환경의 변화

다양한 사회문제를
해결하는 기업 이야기

　혼자 사는 1인 가정의 사람들이 함께 모여 '집밥'을 먹으며 서로 정을 나눌 수 있는 집밥이라는 사회적 기업이 있는데요.

　앱(애플리케이션)에서 자신이 관심 있는 분야의 모임을 만들어 서로의 관심사에 대한 이야기도 나누고, 마치 가족처럼 집밥도 함께 나누어 먹는답니다.

또한, 바쁜 현대인들의 건강한 식습관 형성을 돕고, 즐겁게 요리할 수 있도록 편리함을 제공하는 소셜벤처 '쿠킷(Cook it)'도 있는데요.

셰프의 레시피를 제공함은 물론, 맛있는 요리를 만들기 위한 식재료를 정성껏 포장하여 배송하는 서비스입니다. 예를 들면, 요리에 필요한 마늘 2쪽, 감자 1/4개와 같은 방식으로 재료가 배송되어 음식물 쓰레기 걱정도 없고, 싱싱한 재료를 딱 필요한 만큼만 받아볼 수 있어 낭비없는 식생활을 유지할 수도 있답니다.

오가니제이션 요리는 다문화 가정이나 탈학교 학생들을 위한 서비스랍니다. 다문화 가정 주부나, 학교에 잘 적응하지 못한 아이들에게 요리 교육을 해 줌으로써, 사회문제 해결에 도움을 주고 있습니다.

특히, 청소년 요리 대안학교 '영셰프 스쿨'을 통해 인재를 양성하고, 이들이 일할 수 있는 '슬로비'라는 친환경 외식 공간도 운영하고 있답니다.

다양한 종류의 사회문제만큼이나, 그것을 해결하는 방법도 각양각색이랍니다.

우리 사회의 여러 문제를 이렇게 자신들의 독창적인 방식으로 해결하기 위해 노력하고 있는 사회적 기업가가 되어보는 건 어떨까요?

클린테이블, 아프리카 급식으로!
도너도넛 이야기

6월 5일은 UN 총회에서 채택된 세계 환경의 날이랍니다. 유엔 환경계획(UNEP)이라는 기구는 1987년부터 매년 세계 환경의 날을 맞아 그해의 주제를 선정, 발표하며, 대륙별로 돌아가며 한 나라를 정해 행사를 개최하고 있어요.

2013년 유엔 환경 계획에서 정한 세계 환경의 날 주제는 〈음식물 쓰레기〉였고, 한국어 슬로건은 "똑똑한 식습관, 지구를 구합니다."였답니다. 음식물 쓰레기는 비료와 농약과 같은 화학 약품의 낭비로 이어지고, 동시에 운송을 위해 사용되는 더 많은 연료와 부패하는 음식물은 기후변화의 원인이 되고 있는 가장 해로운 온실가스 중 하나인 메탄가스를 증가시키니까요. 메탄은 온실가스인 이산화탄소보다 23배나 더 강력하다고 하는데요. 결국 쓰레기 매립지로 가는 대규모 음식물의 양이 지구온난화의 주범이 되고 있는 것입니다.

생각 없이 남기고 버리는 음식물, 우리의 식품 선택이 환경에 나쁜 영향까지 미친다고 생각하면, 덜 남기게 되겠죠?

UN의 이런 기구들뿐만 아니라, 깨끗한 테이블을 실천하게 돕는 단체들이 또 있는데요.

바로 도너도넛이라는 사회적 기업이에요.
도너도넛의 캠페인 〈클린테이블〉을 소개하고 싶은데요.

밥 한 끼 뚝딱 먹고 인증샷 한 장을 남기면 여러분의 인증샷이 한 장 두 장 모여서 아프리카 어린이들의 급식으로 변신합니다.

그게 어떻게 가능하냐고요?

방법은 아주 간단해요.

도너도넛이라는 어플을 다운받아 보세요.

도너도넛〉캠페인〉클린 테이블(www.cleantable.or.kr)을
클릭해서 사진 한 장만 찍으면 되요.

대한민국 모든 밥상에서 찰칵 소리가 나는 그날까지 여러분도
〈클린테이블〉과 함께 해주세요~

그리고 사람들이 좋은 일에 참여할 수 있게 돕는 도너도넛처럼,
이런 앱을 만드는 사람 앱 개발자, 벤처 사업가가 되어보는 건
어떨까요?

도너도넛은 좋은 일을 하고자 하는 노력과 가능성을 인정받아
2012년 소셜 벤처경연대회에서 대상인 고용노동부 장관상과
상금 3,000만 원을 받고, 해외에서도 인정받고 있답니다.

사회문제를 내 일처럼 해결하려고 노력하다 보면, 여러분의
미래도 활짝 열릴 거예요.

어린이
인생학교

**꿈씨앗
파노라마 5**

꿈이 무엇이든, 모든 교과목에
최선을 다해야 할 이유 들어봐~

"선생님, 저는 요리사 될 거라서 요리만 잘하면 되니까, 다른 과목 공부는 안 할 거예요."

과연 그럴까요? 이런 이야기를 하는 친구들을 보면 참 안타까 워요.

시험 때문에 그런 생각을 하는 걸까요?
원래 공부는 놀이처럼 세상에서 가장 즐거운 일인데….

MBC '여왕의 교실'이라는 드라마에서 선생님이 〈공부를 왜 해야 하는지〉에 대해 말씀하신 내용… 들어보세요.

"공부는 해야 하는 것이 아니야. 공부는 하게 되는 거야. 처음 세상에 태어난 아기 는 온갖 신기한 것들로 가득한 세상을 만나게 돼. 나를 안아주는 이 사람은 누굴까, 눈앞에서 반짝이는 저 물건들은 뭘까.
이 모든 것을 하나씩 알아가게 되면서 아기는 엄마라는 말도 하게 되고, 장난감 도 갖고 놀 수 있게 되는 거야. 이렇게 배우고 익혀나가는 과정이 공부야. 공부는 교과서에만 있는 것이 아니야.
공부는 시험을 치기 위한 것도 아니야. 모든 인간이 가진 세상에 대한 순수한 호 기심. 공부는 이 호기심을 하나씩 풀어나가는 과정이야.
그러니 좋은 대학, 좋은 직장이 공부의 목적일 수 없어. 시험과 성적이 공부의 모든 결과일 수 도 없고. 멍청한 너희는 공부를 하기 싫은 의무 쯤으로 생각하지만, 공부는 인간만이 누릴 수 있는 최고의 특권이야."

여러분, 공부하기 싫을 땐 이 말을 생각해요.

'공부는 인간의 특권'이다.

게다가 우리가 듣고 보고 읽고 있는 것, 이것은 인류가 수 세기 동안 모아온 지혜를 공짜로(?) 누리고 있는 거나 마찬가지라는 걸요.

그리고 공부도 편식하는 친구들 많죠?

어떤 과목이건, 공부한 것은 꼭 쓰이게 된답니다.

지금 여러분이 공부하고 있는 국어, 영어, 수학, 사회, 과학, 미술, 음악, 체육, 실과….

모두가 여러분의 꿈에 반드시 쓰일 거예요.

실감이 잘 나지 않는다고요?

모든 과목에 최선을 다해야 할 이유, 꿈★씨앗-음식 편이니만큼, 국어, 영어, 수학, 과학, 사회, 실과, 음악, 체육 등…. 음식 꿈★씨앗과 관련 없어 보이는 이 공부들이 어떻게 쓰이게 될지 조목조목 밝혀주도록 할게요.

스티브 잡스의 아이폰 다들 알고 있죠? 아이폰 뒤에 박혀있는 한 입 베어먹은 사과 모양의 로고에 대해서 이야기할까 해요.

꿈이 무엇이든, 모든 교과목에 최선을 다해야 할 이유 들어봐~

여러 가지 속설이 분분하지만, 그 로고가 탄생하게 된 배경에는,

– 한 입 베어 문 사과는 영어의 bite(바이트)로, 컴퓨터의 기본
단위인 byte(바이트) 발음을 떠올리게 했다는 설,

– 성경에서 하와가 선악과를 한 입 베어먹고 역사가 바뀐 것
처럼, 애플 컴퓨터는 인류에게 중요한 역사라는 것을 표현한
다는 설 등 여러 가지가 있어요.

그 작은 로고만 봐도, 겉으로 보여지는 멋진 디자인(미술)뿐만
아니라, 성경 속 이야기(사회), 발음에 대한 연구(국어), 컴퓨터
기술(과학) 등 그만의 생각이 녹아있었던 거예요. 확실한 건
그가 단순한 기술 개발자가 아니었다는 거죠.

그것이 그가 사람들에게 많은 영감을 주고, 전 세계인들로부터
추앙받고 있는 이유일 거예요.

여러분의 꿈이 무엇이건, 모든 교과목에 최선을 다하세요.
그리고 그것들을 언젠가 자신만의 멋진 방법으로 녹여보세요.

수학 공부, 꼭 필요해!

교과서 속 지루하기만 했던 공부가 꿈에 얼마나 멋지게
녹아들 수 있는지, 일상생활에 얼마나 유용하게 쓰이는지 그

예를 들어볼게요.

여기, 요리하는 걸 좋아하는 한 친구 자칭타칭 꼬마요리사, 쿡쿡이  가 있어요.

선생님과 공부하고 나선, 음식과 동물이라는 꿈★씨앗을 합쳐, '애견 푸드 요리사'라는 자신의 직업을 만들어 열심히 준비하고 있는 기특한 친구죠. 그래서 평소에 여러 가지 종류의 요리 연습도 많이 하고 있답니다.

어느 일요일 아침, 쿡쿡이는 스마트폰의 레시피를 보며 요리 연습을 시작합니다.

강아지 쫑이를 위한 케익 만들기

Recipe

요리분류: 베이커리

조리시간: 1시간 이상

요리재료: 생크림 500ml, 계란3개,
설탕 300g, 박력분 350g,
베이킹 파우더 2작은술,
소금 1작은술

하지만 평소 수학 공부를 열심히 해왔던
쿡쿡이에겐 이 정도쯤이야⋯. 식은 죽 먹기였죠.

쿡쿡이는 능숙하게 계량컵의 눈금 500ml만큼 생크림을 준비했어요.

들이의 단위 알아보기,

• 들이의 단위에는 1리터와 1밀리리터가 있다. 1리터는 1L, 1밀리리터는 1mL라고 쓴다.

• 1L는 1,000mL와 같다.

• 1L보다 50mL더 많은 들이를 1L 50mL라고 쓰고, 1리터 50밀리리터라고 읽는다.

무게의 단위 알아보기

• 무게의 단위에는 kg과 g이 있고, 1kg은 1,000g과 같다.

• 1kg보다 300g 더 무거운 무게는 1kg 300g이다.

3학년 2학기 수학 > 5. 들이와 무게

실과 공부도 얼마나 유용한데!

실과 시간에 배운 영양소 체크도 아주 유용하답니다.

"꼭 요리사가 되지 않더라도, 누구나 음식을 먹고 집에서 요리도 할 테니…. 자신의 건강을 위해 영양소의 종류와 역할에 대해 꼭 배워두어야 한단다."

꼬마요리사 쿡쿡이가 그걸 놓칠 리가 없죠.

늘 요리할 때 영양소를 체크한답니다. 학교 급식실의 영양사 선생님처럼 말이죠.

애견 푸드 요리사로 동물들에게도 영양 가득한 음식을 만들어 주려면, 영양소에 대한 공부도 필수랍니다.

영양소의 종류와 역할

• 영양소

－성장과 건강 유지를 위해 반드시 섭취해야 하는 물질

－대부분 건강 유지를 위해 반드시 섭취해야 하는 물질

• 영양소의 종류와 역할

－ 종류 : 탄수화물, 단백질, 지방, 무기질, 비타민, 물

－ 역할

1) 힘을 내고 체온을 유지 : 탄수화물, 지방, 단백질

2) 몸을 구성 : 지방, 단백질, 무기질, 물

3) 몸의 기능을 조절 : 단백질, 비타민, 무기질, 물

5학년 〉 실과 6단원 〉 나의 영양과 식사

미술, 디자인 감각은 요즘 필수야!

쿡쿡이는 노릇노릇 맛있는 쿠키도 잘 구워요. 오늘 또 열심히 구운 이 쿠키를 어떻게 예쁘게 포장할까, 고민하고 있었죠. 왜냐하면. 삼촌이 운영하는 커피숍에서 이 쿠키를 팔아보고 싶다고 말씀드린 상태거든요.

그때 마침, 미술 시간에 선물을 포장하는 여러 가지 방법을 배웠던 것이 기억났어요.

쿡쿡이는 투명한 비닐로 그 안이 보이게 사탕 모양으로 쿠키를 예쁘게 포장해서 가게에 진열했죠. 손님들이 내 쿠키가 반응이 정말 좋아 하늘을 날 듯이 기뻤어요.

엄마 심부름으로 동네 슈퍼에 가 봤는데…. 다양한 종류의 포장 용기들이 있었지 뭐에요. 이 다음에 동물들의 음식을 멀리 사는 더 많은 사람에게 판매하려면, 이런 방법들도 미리 공부해 두어야겠다는 생각이 들었어요. 요리만 잘하는 줄 알았는데, 역시 쿡쿡이는 지혜롭다니까요.

다양한 포장 디자인

- 사탕처럼 묶어서 선물을 포장해요.

- 셔츠 모양의 선물 봉투를 만들어 선물을 넣어 주어요.

- 선물을 종이 가방에 넣어주어요.

- 선물 바구니에 넣어 선물을 주어요.

1학년〉미술 10. 디자인과 생활〉(3) 포장 디자인

생활 주변에서 다양한 포장 용기 찾아보기

- 내용물의 모양에 맞아 안전하게 보호할 수 있고 무엇을 포장하였는지 알 수 있는 포장 용기를 사용하였다.
- 물건을 안전하게 운반하기 위하여 사용된 포장 용기의 예다.
- 비닐에 담긴 다른 음식과 다르게 요리법이 표면에 있어 상품을 돋보이게 하고 광고 효과를 준다.

5〜6학년〉미술 10. 디자인과 생활〉(3) 포장 디자인

사회 공부하면서, 새로운 기회를 발견해 봐!

그날 저녁 쿡쿡이는 TV 뉴스에서 환경오염에 관한 보도를 들었어요.

사회문제를 해결하기 위해 노력하자는 백다은 선생님의 이야기가 생각났어요.

그리고 거기서 자신만의 기회를 발견하게 됩니다.

그냥 평범한 요리사가 아니라, 자신만의 스토리(이야기)를 가진 요리사가 되는 것이 쿡쿡이의 꿈이거든요. 이름 하여, 지구를 지키는 '애견 푸드 요리사'!

뉴스나 신문에서 남의 이야기라고만 느꼈던 사회의 이야기들이 그날부터 다 자기 이야기처럼 들리기 시작했다지 뭐예요.

쿡쿡이는 기념으로 이번 주 토요일에 친구들과 반려 동물을 초대해 맛있는 음식을 요리해주기로 했어요.

자연을 지키기 위해 일상생활에서 실천하기

• 쓰레기는 분리 배출하여 환경 오염을 줄인다.

• 환경 문제에 관심을 갖고 환경을 보호하기 위해 노력해야 한다.

• 환경 문제를 일으키는 것들이 무엇인지 찾아보고, 지구를 살릴 수 있는 것으로 대체하여 사용한다.

4학년 2학기 도덕 〉 4. 우리가 지키는 푸른 별 〉 자연을 지키는 작은 실천

도시와 촌락의 문제 해결

	도시	촌락
환경 문제	• 자동차 배기가스, 공장 매연으로 인한 대기오염 • 생활 하수, 공장 폐수로 인한 수질 오염 • 쓰레기, 공장 폐기물로 인한 토양 오염	• 농약으로 인한 수질 오염 • 축사 폐기물로 인한 수질, 토양 오염 • 폐비닐로 인한 토양 오염

4학년 2학기 사회 〉 여러 지역의 생활 〉 도시와 촌락의 문제와 해결

국어 공부로 마음을 주고 받아요!

그냥 친구들을 부르기엔 뭔가 심심하고, 특별한 게 없을까 고민하던 쿡쿡이, 전에 국어 교과서에서 초대장 쓰기 방법을 배웠던 게 생각이 났어요.

드디어 토요일! 친구들이 둘러앉아 쿡쿡이가 직접 요리한 떡볶이와 크로켓, 샌드위치를 먹고 있었어요. 물론, 애완동물 친구들을 위한 요리도 준비했죠.

평소 센스 넘치는 쿡쿡이가 오늘 같은 날, 음악 선곡을 빠뜨릴 리가 없죠.
음악 시간에 배운 파헬벨의 '캐논'을 틀자, 강아지 쫑이도 신이 나는지 꼬리를 흔들어댔죠.

초대하는 글에 들어가야 할 내용

제목, 받을 사람, 초대하는 말, 때, 곳, 쓴 날짜, 쓴 사람이 있어야 합니다.

초대하는 글을 잘 쓰는 방법

- 초대하는 글에 알맞은 제목을 정합니다.
- 초대하는 까닭을 자세히 씁니다.
- 초대하는 날짜와 장소를 정확히 씁니다.
- 예의 바르게 글을 씁니다.

2학년 2학기 국어 〉 4. 마음을 주고받으며 〉

초대하는 글을 잘 쓰는 방법 알기

- 초대장 -

지구를 지키는 애견푸드 요리사
쿡쿡이의 요리쇼에 초대합니다.

이번주 토요일 우리집에
오지 않을래?
내가 맛있는 음식
만들어 줄께^^

때 : 2000년 0월 0일 토요일 오후 1시
곳 : 쿡쿡이네 집

쿡쿡이

영어, 글로벌 인재의 필수 조건!

부른 배를 땅땅 치며 소화시키고 있던 그때, TV에 쿡쿡이의 요리 멘토인 '제이미 올리버' 아저씨가 나오시지 뭐예요.

같이 지켜보던 엄마가 쿡쿡이의 옆구리를 쿡쿡 찌르며 "영어 공부도 열심히 해야겠지?" 하시는데, 다른 때 같음 잔소리 같기만 했을 텐데…. 절로 고개가 끄덕여지지 뭐예요.

쿡쿡이는 자신이 개발한 레시피를 세계에 알리는 쿠킹 쇼의 호스트가 된 자신의 모습을 상상해보고 있어요.

여러분, 이렇게 모든 과목에 최선을 다해야 할 이유를 쿡쿡이 이라는 친구를 통해 살펴보았어요.

여러분이 음식이라는 꿈★씨앗을 갖고 이 책장을 처음 열었을 텐데, 5가지의 꿈꾸는 방법을 이제 다 전해주었어요. 어때요? 처음엔 무조건 '요리사'만 생각했는데, 생각이 아주 많아졌죠?

하나의 꿈★씨앗에서 펼쳐진 마법 같은 파노라마를 앞으로 여러분 인생에서 선보여주길 바라요. 그리고 그 시작은 버크베어 처럼 작은 것부터, 지금 당장 시작해야 한다는 것, 잊지 마세요!

마무리하기

선생님이 알려준 5가지 꿈꾸는 방법들을 통해 가장 기억에 남았던 직업을 여기에 옮겨 적어 보세요. 그리고 여러분만의 직업도 이번 기회에 한 번 만들어보세요.

꿈★씨앗파노라마	가장 기억에 남는 직업	내가 만든 직업
1 진짜 꿈을 가져라 하고 싶다 =동사형 꿈		(이유:)
2 고정관념을 깨면 억대 연봉이?		(이유:)

꿈★씨앗파노라마	가장 기억에 남는 직업	내가 만든 직업
3 꿈★씨앗들을 합쳐라! 온리원(only one) 될 것이다.		(이유:　　　　　　　　)
4 그것을 해결하면 나의 성공이 보인다		(이유:　　　　　　　　)

직업 목차

출처

김치 버스 p. 17, 18

출처 : 김치 버스 블로그 http://blog.daum.net/kanebo2942/10354203

주요 작목별 억대 농가 기사 p.33

출처 : 농민신문 홈페이지 http://www.nongmin.com/

귀농 인구 추이 그래프 p.35

출처 : 농림수산식품부, 연합뉴스

배달의 민족 이미지 자료 p.44-46

출처 : 배달의 민족 홈페이지 www.baemin.com

파티게임즈 소개자료 p.55-59

출처 : 파티게임즈 홈페이지 http://www.patigames.com/

써니 포장 화분 이미지 p.69

출처 : 써니야 홈페이지 http://www.sunnyya.com/

엘 불리 레스토랑 사례 p.71-74

출처 : 시사 타임즈
http://timesisa.com/news/view.html?section=9&category=106&
no=3769

눔 앱 소개 p.75-78

출처 : 눔 블로그 blog.naver.com/noomkr

요리 오디션 프로그램 김태형 도전자 사례 p.79-80

출처 : 올리브 TV 마스터쉐프 코리아 홈페이지
http://program.interest.me/olive/masterchefkorea3/

총각네 야채가게 사례 p.81-84

출처 : 총각네 야채가게 홈페이지 http://www.chonggakne.com/

초콜릿 패션쇼 사례 p.85-86

출처 : TV 리포트
http://www.tvreport.co.kr/?c=news&m=newsview&idx=296921

비주얼 머천다이저 이랑주 사례 p.86-87

출처 : 세바시 '길의 여왕, 마음을 팝니다. 비주얼 머천다이저 이랑주 편'

제이미 올리버 사례 p.94-99

출처 : 제이미 올리버 홈페이지 www.jamieskitchen.net,

　　　피프틴 레스토랑 홈페이지 http://www.fifteen.net

버크베어 사례 p.100-101

출처 : TED 버크베어 강연 http://www.ted.com/talks/view/lang///
　　　id/1016(우리의 푸드시스템, 무엇이 문제인가? What's wrong with
　　　our food system?)

풀무원, 푸드포체인지 사례 p.104-105

출처 : 푸드포체인지 홈페이지 foodforchange.or.kr
풀무원 블로그 http://blog.pulmuone.com/2716

집밥 보도자료 p.107

출처 : 집밥 블로그 zipbob.tistory.com/205
KBS http://news.kbs.co.kr/news/NewsView.do?SEARCH_NEWS_C
ODE=2587702&

소셜벤처 쿠킷 소개 p.108

출처 : 쿠킷 홈페이지 www.cookit.co.kr

오가니제이션 요리 소개 p.108-109

출처 : 오가니제이션 요리 홈페이지 www.orgyori.com

도너도넛 클린테이블 소개 p110-112

출처 : 도너도넛 홈페이지 http://www.donordonut.com/